LA CALLAS

ÈVE RUGGIERI

LA CALLAS

Avec la collaboration de François Forestier

Éditions de la Loupe

Éditions de la Loupe
Livres en gros caractères

Catalogue sur demande
Éditions de La Loupe - Service clients
21, rue du Docteur Horand - 69009 - Lyon
(Siège social : 10, rue du Colisée - 75008 - Paris)

Téléphone
04 78 47 27 02
Fax 04 78 47 24 03

Boutique en ligne
www.editionsdelaloupe.com

*Pour Albéric et Audrey de Montgolfier
qui aiment l'opéra, et pour Marguerite
qui apprendra à l'aimer grâce à eux.*

AVANT-PROPOS

Paris, vendredi 1ᵉʳ décembre 2000, vers midi.

Il fait très beau et très froid. Et je marche à grands pas vers le numéro 15 de l'avenue Montaigne, juste à côté du Théâtre des Champs-Élysées. Depuis le début de la semaine, l'étude de commissaires-priseurs Carmels-Chambre-Cohen expose plus de quatre cents lots et objets ayant appartenu à Maria Callas. La vente commence demain. Elle durera deux jours. Deux jours pour disperser, c'est le mot, une vie magnifique et tragique qui s'est arrêtée vingt-trois ans auparavant.

Que vont raconter de plus ces « reliques » que la voix de Maria ne nous ait déjà confié… C'est en descendant l'escalier qui mène aux salles d'exposition que je réalise que je n'ai pas même osé ouvrir l'élégant catalogue que l'on m'a adressé. Prémonition de ce qui m'attend maintenant ? Maria est partout, et pourtant, elle n'est pas là.

Maria en Yves Saint Laurent, Maria dans des robes de Biki, sa styliste italienne, Maria en cheveux, sans ses cheveux (ces postiches exhibés devant des centaines de paires d'yeux avides!), Maria dévêtue, dépouillée par des mains iconoclastes qui jamais n'auraient pu, de son vivant, se poser sur cette guêpière de dentelle noire et de soie mauve qu'elle a un soir, peut-être, glissée sous le fourreau de taffetas qui mettait si bien en valeur la ligne de son long cou... Maria en déshabillé de soie couleur chair, cette chair que ses «admirateurs» mettent aux enchères... avec, en guise de billet d'excuse, l'amour, la vénération qu'ils lui ont tant portés et dont ils ne veulent point priver les autres! Le pire c'est que c'est peut-être vrai. Et moi, au fait, pourquoi suis-je ici? Moi qui sais tout de son intimité, la vraie, la seule, celle qu'elle nous offrait à chacune de ses apparitions, à chacune de ses intonations et des mille couleurs de sa voix. Non, l'intimité de Maria n'est pas là, sous verre, pas dans ces dépouilles abandonnées. Alors je repars parce que j'ai envie de pleurer...

1

ENCORE UNE FILLE !

« Ce n'est pas lorsque je chantais
que je me sentais aimée ! »

New York, 2 décembre 1923. Il neige. Au quatrième étage du Flowers Hospital, 106ᵉ Rue, une jeune femme a elle aussi envie de pleurer. Evangelia Kalogeropoulos vient de mettre au monde son troisième enfant, une petite fille. « Onze livres ! », s'exclame triomphalement l'infirmière qui la lui met dans les bras. Encore une fille, là où Evangelia attendait de toutes ses forces un garçon pour tenter de se consoler de la mort de Vassilios, né en 1920, trois ans après Cynthia, le premier bébé. « Il m'a semblé que mon cœur mourait avec lui, j'ai cru ma vie terminée », dira-t-elle.

À ses côtés, Georges, son époux, vit la même déception en se penchant sur l'enfant qui maintenant a cessé de pleurer, comme si elle cherchait à se faire oublier. Au fait, l'ont-ils oubliée, ses parents qui vont mettre trois ans à la prénommer Marianna, Cecilia, Sofia ?

« Jamais, jamais ! s'écriera plus tard Evangelia. Certes, les premiers jours, je n'arrivais pas à prendre sur moi de la regarder, puis je n'ai pas cessé de l'aimer. »

Mais cette petite fille, dans une zone obscure de son être, se souviendra toujours de l'accueil qu'on lui fit et elle livrera une formidable bataille pour s'imposer parmi ses semblables, faire accepter sa présence au monde.

Quatre mois plus tôt, le 2 août 1923, Georges et Evangelia, tenant Cynthia par la main, sont arrivés à New York, fuyant la misère de la Grèce sans connaître un mot d'anglais. Parmi des centaines de leurs compatriotes, ils ont embarqué sur un cargo, avec l'espoir de faire fortune dans le Nouveau Monde.

Grâce à la communauté new-yorkaise, Georges Kalogeropoulos a trouvé, avant même de mettre un pied sur le sol américain, un modeste appartement sur l'East River pour loger sa petite famille, et un emploi. Pharmacien dans son pays, il est devenu vendeur dans un drugstore. Mais le couple ne s'entend plus vraiment. Marié depuis

1916, Georges, «à la beauté romanesque», aime séduire et collectionne les aventures amoureuses. Son arrivée à New York ne change rien à ses habitudes.

Les années passent et le couple Kalogeropoulos, bien que vivant toujours sous le même toit, se défait. De son côté, la petite Marianna grandit calmement. Avec ses joues rondes, ses boucles noires et ses grands yeux sombres, elle paraît séduire tout le monde.

Les affaires de la famille s'améliorent pourtant. Georges a enfin sa pharmacie et la famille Kalogeropoulos peut emménager dans un appartement plus confortable, 132e Rue, à Washington Heights. Ils en profitent aussi pour changer leur nom grec de Kalogeropoulos, imprononçable pour un Américain. Désormais, ils s'appelleront Callas.

Bientôt, Marianna marche toute seule. Déjà bien en chair, elle déborde de vitalité. Un jour de juillet 1928, elle s'élance vers sa sœur qui est de l'autre côté de la rue, juste au moment où passe une voiture. Le conducteur freine désespérément. Mais il est trop tard. Le choc est inévitable. Traînée sur huit mètres. «Elle est perdue», affirment les médecins. Vraiment? Après vingt-deux jours de coma… tous ces jours d'absence, comme une concession accordée à ce monde qui ne voulait pas d'elle…, elle rouvre les yeux. Dès lors, dit la mère, « elle devint nerveuse, instable ».

Et la vie reprend son cours jusqu'au jeudi 24 octobre 1929, jour du Krach boursier, le fameux Jeudi noir qui déclenche une dépression si vaste qu'elle terrasse l'Amérique tout entière, touche toutes les classes sociales et s'étend en quelques semaines au reste du monde. Les faillites bancaires ne se comptent plus et entraînent la fermeture de centaines d'entreprises. Des milliers d'actionnaires, grands ou petits, sont ruinés. Les suicides se multiplient. En trois jours, deux cent dix personnes se donnent la mort. C'est la banqueroute générale et le chômage. La famille Kalogeropoulos-Callas est elle aussi touchée par cette catastrophe. Georges fait faillite avec sa pharmacie… Les espoirs de prospérité s'évanouissent ; et lorsqu'il retrouve du travail, c'est comme représentant en produits pharmaceutiques. L'appartement est devenu trop cher, il faut à nouveau déménager, certes dans le même quartier, mais dans une rue plus populaire.

Délaissée par son époux, Evangelia s'occupe très attentivement de ses filles. Et, comme elle est seule la plupart du temps, elle se met à rêver, à rêver très fort qu'un jour elles la vengeront ! Un jour, elles seront heureuses, riches, célèbres... comme si tout cela allait obligatoirement ensemble. Est-ce là le premier des tremplins qui propulseront la petite Marianna sur les routes des plus grandes scènes du monde ?

Ignorant l'avis de son mari qui trouve ses idées complètement farfelues, Evangelia la Grecque a décidé de faire apprendre la musique aux deux sœurs. Elle payera les leçons avec ses économies. Et déjà, en fermant les yeux, elle les voit : Cynthia cantatrice et Marianna pianiste concertiste. Plus tard, elle dira volontiers qu'elle a sacrifié sa vie pour ses filles !

Vers l'âge de sept ans, Marianna prend donc ses premiers cours de piano. Son professeur, madame Santrina, d'origine italienne, la trouve sérieuse. Chaque jour, en rentrant de l'école, elle travaille ses gammes puis fait ses devoirs dans la petite chambre qu'elle partage avec sa sœur Cynthia, devenue Jackie parce que « ça fait plus américain », a dit Georges !

À la grande surprise de tout le monde, Marianna aime aussi chanter. Elle chante tout le temps, et de mieux en mieux, s'inspirant des voix qu'elle entend sur les disques d'opéra que sa mère achète. Finalement, Evangelia tranche : Jackie sera pianiste et Marianna, qui a une plus jolie voix que sa sœur, chantera.

En 1933, docile, Marianna (qui se rêvait en secret dentiste) prend ses premières leçons de chant pour faire plaisir à sa mère, laquelle l'oriente très vite vers des «concours» un peu misérables, fière d'exhiber son «oiseau rare». À onze ans, en robe de tulle rose, un nœud tenant ses anglaises sages, la petite fille chante *La Paloma* sur la scène d'un théâtre de Broadway et gagne une montre plaquée or, premier pas vers les millions de dollars que lui vaudra plus tard son génie. Première victoire aussi sur laquelle Evangelia bâtit son rêve. Dentiste! Allons donc... Et elle gave Marianna car, c'est bien connu, une chanteuse doit être corpulente... Elle est myope? Bah! On n'a pas besoin de voir le public pour bien chanter, au contraire!

Et si l'on demandait à Evangelia comment sa fille se trouve dans les miroirs avec ses anglaises et ses robes roses et puis ses yeux – immenses –, il est probable qu'elle répondrait que le problème n'est pas là.

«Un enfant qu'on traite ainsi vieillit avant l'âge, dira plus tard Maria Callas. On ne devrait pas priver un enfant de son enfance. Ce n'est pas lorsque je chantais que je me sentais aimée.»

Malgré les premiers succès de Marianna, Georges ne croit toujours pas à l'avenir que son épouse imagine pour sa fille. De plus en plus absent, à cause de son travail, de ses maîtresses, il délaisse sa famille. Evangelia, nourrie de la haine qu'elle lui porte, nostalgique de son pays et peut-être aussi déçue de l'Amérique, décide de tout quitter pour retourner en Grèce où Jackie se trouve déjà.

Mars 1937, elle est à bord du *Saturnia*, un paquebot chilien, tenant fermement de la main droite Marianna et de l'autre, tout aussi fermement, David, Elmina et Stephanakos... ses trois canaris !

Marianna n'a que treize ans et vit là son premier exil.

2

RETOUR EN GRÈCE

« Quand on est jeune on a moins
besoin d'être appuyé, du moins on le croit…»

Monsieur Callas a accepté la séparation sans faire d'histoires. Il a promis aussi d'envoyer régulièrement de l'argent, cent vingt-cinq dollars par semaine, pour les études de ses deux filles.

La traversée est longue et, sur le bateau, il y a du beau monde. Alors madame Callas, toujours dans son rêve, pousse Marianna à se produire devant les passagers de première classe.

Lunettes sur le nez, grosse frange sur le front et quelques boutons sur le visage, Marianna, assise au piano, engoncée dans une robe bleue à col blanc, enchaîne *La Paloma*, l'*Ave Maria* de Gounod et «La Habanera», extrait de *Carmen*. Les passagers paraissent heureux. Marianna est applaudie… Telle l'héroïne de Bizet, elle saisit alors un œillet dans un vase et le lance au capitaine, un peu surpris, mais qui promène la fleur sur ses lèvres en souriant, pour finalement lui offrir… une poupée !

« Elle qui n'a jamais joué à la poupée ! » s'indigne Evangelia, secrètement émerveillée par sa fille. « Elle a chanté comme si elle avait donné des concerts toute sa vie… »

Après plusieurs jours de mer, le *Saturnia* approche des côtes grecques. Marianna et sa mère débarquent à Patras, puis après avoir longé le golfe de Corinthe en chemin de fer, arrivent à Athènes où elles sont attendues depuis plusieurs semaines par Jackie, bien sûr, mais aussi par tous les membres de la famille d'Evangelia, les Dimitriades. Les retrouvailles sont chaleureuses. En quelques minutes, quatorze ans de séparation semblent s'évanouir.

Les trois femmes logent dans la maison familiale près de l'Acropole, où règne la grand-mère de Marianna, digne veuve du colonel Petros Dimitriades, mort des suites de ses blessures reçues pendant la guerre des Balkans. Dans cet autre milieu, l'adolescente passe sans aucun problème de l'anglais au grec. Elle reprend aussi son nom : Kalogeropoulos.

Marianna, qui n'a connu que les rues de New

York, est émerveillée par son nouveau pays. La famille se réunit souvent dans le jardin pour chanter et c'est Pitista, l'une des sœurs d'Evangelia, qui accompagne Marianna à la guitare. Les voisins ont surnommé cette famille rieuse « la troupe de l'Opéra Dimitriades ». Mais si l'on chante beaucoup, personne ne semble réellement s'émouvoir des qualités vocales de Marianna. De l'avis général, la petite chante bien, certes, mais sa mère se fait de grandes illusions. De belles voix, Athènes et la Grèce n'en manquent pas. Une carrière de chanteuse d'opéra pour Marianna semble être une furieuse utopie. Seul, peut-être, Ephthemios, l'un des trois frères d'Evangelia, paraît sensible au talent de sa nièce. Il connaît plusieurs artistes du Théâtre royal. Il promet de lui obtenir une recommandation…

Toutefois, l'euphorie des premières semaines ne dure guère. La promiscuité et les rivalités dégradent les relations. Bientôt, Evangelia et ses deux filles s'installent seules dans un appartement, au 61 de la rue Patission, un six-pièces avec balcon. Pour la première fois, chacune des filles a sa chambre. Quant aux canaris, ils trônent dans le salon bleu.

Née à New York, la passion de Marianna pour la cuisine ne s'est pas altérée à Athènes. Elle raffole du pain frais, des œufs frits et des pâtes. Elle

a même inventé une recette : « la macaronada ».
Alors, elle mange beaucoup trop et elle grossit.
« Qu'importe, il faut bien nourrir sa voix », s'exclame Evangelia.

Car Marianna travaille de plus en plus. Il semble bien que son désir de devenir dentiste se soit envolé.

Grâce au soutien de son oncle, elle est présentée au chanteur Nicola Moscona qui, surpris par les capacités de la jeune fille, facilite son inscription à une audition au Conservatoire national, l'une des plus grandes écoles de chant de Grèce. Marianna se prépare. Sa mère affirmera qu'elle s'y était rendue sans le moindre trac. Toute la famille est là pour l'encourager. Dans le jury, Maria Trivella, professeur fort réputé. Le verdict tombe. Marianna a un réel talent. C'est l'euphorie dans le clan Dimitriades. Mais un problème se pose. Elle est trop jeune. Elle n'a que quatorze ans, deux ans de moins que l'âge requis pour devenir élève du conservatoire d'Ethnekon. Mais Maria Trivella est tellement émue par sa prestation qu'elle fait en sorte de passer outre le règlement, quitte, décide sa mère, à la vieillir de quelques années. La voie s'ouvre.

3

UNE ÉLÈVE STUDIEUSE

« Je dis toujours : "Travaillez beaucoup…"
C'est le genre de conseil qui ne plaît pas. »

En plus de ses études ordinaires, de l'apprentissage de l'italien et de l'allemand, Marianna va donc suivre les leçons de chant du conservatoire. Elle poursuit également l'étude du piano et prend des cours d'art dramatique avec Iorgos Karakandas. Mais toutes ces activités coûtent cher et l'argent que son père avait promis n'arrive plus. L'adolescente a bien bénéficié d'une bourse, mais c'est insuffisant. Jackie, qui parle trois langues, fera des traductions pour aider sa sœur.

Marianna travaille avec acharnement tant à l'école qu'au conservatoire et à la maison. Pas de flirts, pas de sorties, pas de répit. Certes, ses traits épais et son corps lourd la préservent des assiduités des garçons. Souffre-t-elle déjà de ce physique ingrat ? Sans doute. Alors, elle compense en travaillant sans compter et, très vite, les résultats sont là. Parallèlement, son caractère s'affirme et devient de plus en plus marqué. On la dit autoritaire, violente et d'une grossièreté étonnante. Devenue excessivement économe, voire intéressée, elle jalouse volontiers ses camarades qui ne l'apprécient guère et, lorsqu'elle s'emporte, provoque quelques bagarres mémorables dans les couloirs de ses différentes écoles. « Lorsqu'elle est en colère, Marianna ôte ses lunettes et fonce, comme un garçon », dit sa mère.

Qu'importe. Maria Trivella, enchantée de sa nouvelle élève, la pousse et, de la fin 1937 au début 1939, la fait monter cinq fois sur scène dans le cadre de spectacles scolaires. Le 11 avril 1938, Marianna fait sa première apparition sur la scène du Parnasse d'Athènes. Devant une salle pleine et enthousiaste, elle chante en duo avec Zani Kabanis un extrait de *Tosca* de Puccini qui lui vaut le premier prix : un ouvrage relié en cuir qu'elle reçoit des mains du directeur du conservatoire.

Un an plus tard, il ne s'agit plus d'interpréter quelques airs d'opéra, mais de tenir le premier rôle de *Cavalleria rusticana*, opéra en un acte de Mascagni, donné devant le public du théâtre Olympia. Le critique de *La Tribune libre* conclut

ainsi son article : « Cette jeune fille, si elle continue à travailler, a un avenir devant elle. C'est
actuellement une des plus belles voix de la classe
de chant du Conservatoire et certainement une
des plus prometteuses. »

Le 25 juin 1939, la classe de Maria Trivella
se produit à nouveau, au théâtre Olympia.
Marianna y chante cette fois une scène du
deuxième acte du *Ballo in maschera* de Verdi et
retrouve Santuzza de *Cavalleria rusticana*. Elle
remporte une nouvelle fois le premier prix d'interprétation, qui s'accompagne d'une somme
modique de cinq cents drachmes. Le jour
suivant, le critique du *Matin d'Athènes*, après
avoir souligné le haut niveau des élèves de Maria
Trivella, écrit à son propos : « Elle chante avec
énormément d'expression et de technique. Elle
sait ressusciter le côté "ésotérique" des personnages. »

L'année a donc été plutôt bonne pour
Marianna. On a reconnu son talent et sa voix
s'enrichit chaque jour. Mais les vacances approchent. L'été est splendide. Marianna et sa mère
vont le passer avec Jackie, sur le yacht du fiancé
de cette dernière, Milton Empirilos, fils d'un
riche armateur. Corfou, le Grand Hôtel… Evangelia rayonne de joie ! L'amour, la fortune, le
luxe… Si elle en croit son rêve, il ne reste plus

que la gloire à atteindre ! Ces vacances ont décuplé son ambition. Il faut passer à la vitesse supérieure. Jackie est belle et peut faire un riche mariage. Marianna sera artiste. Elle décrète aussi que Maria Trivella n'a plus rien à apprendre à sa fille qui quittera le Conservatoire à la rentrée.

1939, la guerre éclate. Hitler, au pouvoir en Allemagne depuis janvier 1933, après avoir conquis l'Autriche l'année précédente, entre en cette fin d'été en Pologne. Son allié, Benito Mussolini, attaque l'Albanie. La France et le Royaume-Uni s'engagent bientôt dans le conflit pour soutenir les Polonais. À Athènes, malgré les menaces d'interventions allemande et italienne, la vie continue. Marianna doit passer une audition devant le célèbre professeur de l'Odéon Athenon, Elvira de Hidalgo, l'une des plus grandes coloratures de l'entre-deux-guerres. Héritière de la grande tradition du chant espagnol, elle a eu pour partenaires Caruso et Chaliapine. Marianna chante un extrait d'*Oberon*. Hidalgo est immédiatement séduite par l'immense matériel vocal de la jeune fille. Elle devine que Marianna est celle qui pourra continuer sa manière de chanter. « Une véritable cascade de sons pas entièrement contrôlés, raconte Hidalgo, mais j'ai fermé les yeux et me suis imaginé la joie que j'aurais à travailler à partir d'un tel métal. À le mouler jusqu'à la perfection. »

Une attirance qui est réciproque et ô combien importante pour la future Callas : « Avec Hidalgo, dira-t-elle, j'ai été initiée au véritable bel canto. Par elle, j'ai pu remonter aux origines du grand opéra et avoir la notion de ce qu'était, par exemple, l'art d'une Malibran. Il ne s'agissait plus seulement d'avoir un certain volume et de produire des sons aigus, mais de faire servir la voix à la musique, en quelque sorte comme un instrument. Elle m'a donné toute cette base, cette technique, qui permet d'aller au-delà du chant, c'est-à-dire de commencer à interpréter. »

Désormais, Marianna se consacre entièrement à la musique. « Je ne savais pas faire autre chose, j'aimais vraiment la musique et puisque j'étais lancée dans cette voie, je voulais me donner tout entière au travail, pour gagner ma vie rapidement. »

« Je suis certainement une créature du destin, déclare-t-elle encore, mais il n'y a pas d'excuse à prononcer cette phrase puis à se coucher et à attendre que le destin se manifeste. En réalité, il faut toujours travailler, toujours étudier, pour être prête au moment voulu. »

Être prête au moment voulu ! Que de grandes carrières pourraient se résumer ainsi…

4

LES DÉBUTS D'UNE CARRIÈRE

« J'ai joué Tosca à dix-huit ans,
vous imaginez les envies qu'on suscite
à cet âge lorsqu'on a de grands rôles. »

Fini l'adolescente pleine d'acné, les nœuds dans les anglaises, les robes d'organdi. Aujourd'hui, Marianna a dix-sept ans. Elle est toujours trop grosse, trop grande, trop maladroite, trop myope, trop mal habillée… Trop tout ! Mais elle est déjà une bonne interprète. Avec Elvira de Hidalgo, elle travaille de dix heures du matin à huit heures du soir, s'interrompant seulement pour le temps d'un sandwich. Afin de développer son agilité et sa flexibilité vocales, Hidalgo lui conseille de consacrer chaque jour plusieurs heures à la technique et à l'art si difficile de la vocalise. Elle lui enseigne aussi tout un répertoire pratiquement oublié à cette époque : Cherubini, Bellini, Donizetti… et Medea, Anna Bolena,

Norma, Lucia di Lammermoor, Elvira... Marianna obéit. «J'étais comme une éponge, prête à tout absorber...» Hidalgo, qui sait fort bien qu'elle peut faire infiniment plus que ce qu'elle exécute avec elle mais qui ménage sa voix, la forme avec art, prudence, amour. Elle apprend aussi à son élève comment marcher et se tenir, que faire de ses mains, comment bouger sur une scène avec assurance et... sans lunettes. Là, c'est la comédienne – la future splendide tragédienne parfaite – qui fait son apparition lentement, sort du cocon, de ses inhibitions, déploie ses membres.

Elvira de Hidalgo est satisfaite. Son intuition ne l'a pas trompée. Marianna est à la hauteur de ses espérances. «Elle avait une expression dans son regard et une façon d'interpréter les morceaux alors qu'elle connaissait très peu l'italien qui m'ont frappée. Elle me regardait tout le temps... et sa bouche, sa très grande bouche et ses yeux qui parlaient m'ont touchée. Je me suis dit: "Ça, c'est quelqu'un." Comme élève, elle était parfaite, docile, intelligente, travailleuse, c'était quelque chose de formidable. Je n'avais pas besoin de répéter une phrase deux fois. Elle disait "capito" et le lendemain c'était magnifique.»

Une affection réciproque. Marianna adore son professeur, ce qui ne convient pas du tout à

Evangelia qui se plaint. Sa fille lui échappe ! Sa fille ou son rêve ? Le voyant prendre forme, voudrait-elle le retenir encore un peu, immatériel mais tout à elle ? A-t-elle une sorte de prescience des dimensions qu'il va prendre en se réalisant, démesurées, sublimes – et mortelles ? Trop tard, Marianna est devenue une véritable cantatrice.

Au début du mois de mai 1940, alors que les troupes allemandes, sans ultimatum, ont franchi la frontière et déferlé sur la Belgique et les Pays-Bas, Marianna cherche à se faire un nom.

Car au-delà de ses participations aux récitals organisés par son professeur, elle va enfin faire ses véritables débuts au Théâtre royal où Kostis Bastias, le directeur, vient de lui faire signer son premier contrat qui la consacre artiste à part entière. Il l'a engagée pour une durée de un an, de juin 1940 à juillet 1941, comme soprano soliste, au salaire mensuel de mille cinq cents drachmes. C'est peu. Mais c'est un premier engagement et son premier rôle dans *Boccaccio* de Franz von Suppé, une opérette, certes, mais elle n'a que dix-sept ans et, là encore, on va remarquer cette jeune artiste devenue, entre-temps et pour toujours, Maria.

C'est à cette époque qu'elle va prendre de la distance vis-à-vis de sa mère qui a toujours préféré Jackie, belle et mince, elle ! Evangelia ne s'en est pas cachée. N'a-t-elle pas négligé Maria, la non-désirée ? Ne l'a-t-elle pas poussée à trop manger par compensation ? « Il devrait y avoir une loi contre ce genre de chose ! » Affrontement de gorgones ! Tempérament grec...

Le 3 juillet 1941, *Boccaccio* est redonné par la troupe nationale au théâtre du Parc et Maria reprend son rôle de Béatrice sous la direction du chef grec Leonidas Zora à qui elle doit, en partie, son engagement. Les événements politiques s'étant entre-temps précipités, le programme est édité en trois langues, en grec, en allemand et en italien.

La guerre s'est en effet généralisée en Europe. La France vaincue est coupée en deux. De son côté, Mussolini, qui tente de faire de la Méditerranée un lac italien, rêvant de restaurer l'Empire romain, lance un ultimatum à la Grèce le 28 octobre 1940, que celle-ci repousse. C'est la guerre. Les armées italiennes, d'abord tenues en échec sur la frontière yougoslave, envahissent la Grèce. Fin mars 1941, c'est la mobilisation générale. En vain. Mal préparée, inférieure en nombre et en matériel, l'armée grecque ne peut résister longtemps aux forces ennemies. Soutenus par les Allemands, les Italiens pénètrent dans Athènes le 27 avril. Le roi et son gouvernement prennent la fuite. Le Premier ministre se suicide. Bientôt tout le pays est occupé. Le couvre-feu est instauré à dix-huit heures ; les écoles sont fermées ainsi que la majorité des théâtres, des musées et des lieux publics. Seules les églises ont échappé à ces mesures restrictives. Les trois « Callas » se réconcilient dans ce malheur, serrées les unes contre les autres, au fond des abris, sans oublier les chers canaris (« Ces Américaines, elles sont folles ! »).

La tradition veut qu'en juillet 1941 une cantatrice qui devait interpréter *Tosca* ait déclaré forfait et que, mise au courant de cette annulation, Elvira de Hidalgo ait proposé Maria pour la remplacer. En fait, il s'agit d'une légende. Une *Tosca* fut effectivement montée à Athènes, mais en août 1942. Et, si cette année-là, Maria fit bien sa prise de rôle, ce ne fut pas au pied levé. C'est sur son jeune talent et sa renommée naissante qu'elle a été engagée. Mais la guerre et l'Occupation rendent la réalisation du projet difficile. Les décors et les costumes sont récupérés dans les réserves. Maria, qui partage la vedette avec le ténor Andonis Delendas, est vêtue d'un vieux costume de velours noir, passablement défraîchi, et porte, sans conviction, un feutre d'homme dont les vastes rebords cachent, hélas, son beau regard! Sans oublier l'improbable canne qui lui donne plus l'allure d'un solide berger des Pyrénées que celle supposée d'une séduisante diva pour laquelle Mario se consume d'amour et Scarpia de désir. L'œuvre est conduite par le chef Sotis Vasilakis. Mais, au fait, que raconte le livret de *Tosca*?

Nous sommes à Rome, en 1800. Les armées de Bonaparte approchent. Le chef de la police, le féroce Scarpia, traque les opposants parmi lesquels Angelotti, évadé de la prison du château Saint-Ange, qui se cache chez son ami le peintre Mario… Celui-ci est amoureux de Floria Tosca, célèbre cantatrice qui l'aime aussi. Scarpia fait arrêter Mario, le condamne à mort (tandis que Angelotti se suicide avant d'être pris) mais, fasciné par Floria, il lui propose une heure d'amour contre la vie de son amant… et il promet que le jour de l'exécution, les balles seront à blanc. Floria, qui ne se résout pas à trahir son amant, poignarde Scarpia et les balles tuent malgré les promesses de l'infâme… Mario mort, Floria se jette dans le vide du haut des remparts du château.

Une histoire pareille dans Athènes occupée! Maria fait de la résistance sans le savoir. Les deux premières représentations ont été chantées en grec. Les onze suivantes, données entre le 10 et le 30 septembre 1942, le sont en italien et en allemand. Maria n'a que dix-huit ans. Si elle a signé les yeux fermés un contrat de misère, elle est consacrée premier soprano ! C'est une véritable reconnaissance du métier et la critique athénienne s'extasie. Tous les journaux encore autorisés lui consacrent de longs articles. « Une voix magnifique de soprano dramatique », « Elle électrise le public », « Une grande artiste est née »... Même les journaux de l'Occupation suivent. Pour sa première scène dans un grand rôle, Maria a convaincu. Elle a gagné avec son mètre soixante-douze pour quatre-vingts kilos !

Mais Maria ne se fait pas seulement connaître par sa voix. Son caractère, déjà bien trempé dans sa jeunesse, s'affirme. Dans le petit monde lyrique athénien, on parle de plus en plus, en souriant, ou en s'indignant, de ses frasques : des coups de griffe dont elle a labouré le visage de tel artiste qui avait eu l'impudence de douter de son talent, de la gifle donnée à ce baryton qui l'avait traitée de « garce ». N'a-t-elle pas frappé un machiniste, bousculé violemment l'époux d'une chanteuse malade qui n'avait pas souhaité être remplacée par elle ? Déjà elle suscite des jalousies. Sa mère en témoigne :

« Elles l'auraient volontiers tuée. Maria n'y mettait guère du sien, j'en ai peur, pour les apaiser et ne cessait de se quereller avec elles. Lorsque je me trouvais au théâtre, j'essayais de la modérer. "Maria, ne sois pas si grossière", lui disais-je. "Ils m'ennuient, maman", me répondait-elle. Il lui arrivait de se jeter sur eux les poings en avant. Un jour, elle est revenue à la maison avec un œil au beurre noir. » Maria avouera, des années plus tard : « J'ai joué Tosca à dix-huit ans, vous imaginez les envies qu'on suscite à cet âge lorsque l'on a de grands rôles. »

Commence alors une période où elle va chanter et se bagarrer, dans tous les sens du terme, pour s'imposer dans le monde de l'opéra. La guerre se poursuivant avec ses morts, ses drames, ses privations, la Grèce manque de tout et l'Occupation devient de plus en plus pesante. Aussi, lorsque le commandant en chef de l'armée italienne, qui souhaite fêter en octobre 1942 le 150e anniversaire de la naissance de Bellini, invite la troupe du Théâtre national à chanter contre de la nourriture, Maria accepte. Pour des boîtes de conserves, du lait et du chocolat, elle interprète quelques extraits du *Barbiere di Siviglia* et de *Semiramide*.

Six mois plus tard, à l'initiative de l'Institut culturel italien d'Athènes, elle chante le *Stabat*

Mater de Pergolèse qui est radiodiffusé et lui procure une très large reconnaissance. Le critique de *La Tribune libre* est sous le charme : « Cette représentation a été une véritable merveille. Cette soprano a une diction parfaite, une musicalité qui enchante, c'est une des plus merveilleuses voix d'Athènes. »

Mais le monde change. Les Alliés débarquent en Sicile et se préparent à attaquer Syracuse. Pendant que l'Italie fasciste commence à perdre pied, Maria reprend le rôle de Tosca pour quatre représentations au théâtre du Pirée. Elle enchaîne le 21 juillet avec son premier récital, où elle propose un programme signé Rossini, Verdi, Haendel et Cilea. La voix est somptueuse, mais son allure quelque peu déroutante, dans une robe froufroutante rose à pois noirs, fait murmurer le public !

Juillet 1943, Mussolini est arrêté. En Grèce, alors que les Alliés parlementent avec les Italiens qui préparent leur retraite, les Allemands, bien décidés à résister, les remplacent. Pour eux, Maria s'adapte et donne trois récitals à Salonique – le 28 août, et les 2 et 3 septembre 1943 –, composés d'extraits d'opéras italiens et de lieder allemands signés Brahms et Schubert. Quelques jours plus tard, elle participe à une grande manifestation artistique organisée au théâtre Olympia d'Athènes : danseurs, comédiens, chanteurs, toutes les disciplines et tous les plus grands artistes du pays sont réunis. C'est une œuvre de charité qui rassemble la haute société athénienne qui n'a pas émigré et les principaux hauts dignitaires allemands. Maria remporte un beau succès dans un choix d'extraits d'œuvres de Beethoven, Mozart, Massenet, Verdi, et Turina, qui montre déjà la diversité de son répertoire.

Au printemps 1944, toujours au théâtre Olympia, elle commence les répétitions d'un nouveau rôle. Elle sera Marta dans *Tiefland*, une œuvre d'Eugen d'Albert créée à Prague en 1903, que dirige Leonidas Zoras. Maria travaille sans se ménager, répète chez le maestro et remporte le soir de la première un franc succès devant un public presque entièrement composé d'Allemands. La presse d'Occupation est fort élogieuse. Friedrich W. Herzog, directeur des *Actualités allemandes* en Grèce, écrit : « Cette jeune artiste a encore rempli le théâtre de son talent. Ce que d'autres chanteuses doivent apprendre, elle le possède par nature : instinct dramatique, intensité du jeu, liberté d'interprétation. Dans l'aigu, sa voix vous pénètre comme une lame d'acier et, dans les instants calmes, elle sait révéler toutes les facettes d'une voix à la musicalité innée. » Et le critique note que, parmi les spectateurs enthousiastes, on remarquait le gouverneur en chef de Grèce, le général d'aviation Speidel, le chargé d'affaires von Graevenits, le lieutenant général des Waffen SS Shimana… Tandis qu'une autre revue de langue allemande affirme : « Maria Kalogeropoulos, la plus grande chanteuse d'opéra et la plus aimée de toute la Grèce ! », appuyée par la presse autrichienne qui lui consacre deux pages et publie sa photo.

Pour Maria, c'est une véritable victoire. Elle figure maintenant parmi les principaux solistes grecs et on la demande de plus en plus. C'est ainsi que, dans le cadre d'une autre fête caritative placée sous l'égide du bureau de la radiodiffusion allemande, elle interprète des extraits de *La Chauve-Souris* de Strauss, de *Norma* de Bellini et deux chansons populaires grecques. Puis, elle est Léonore, « un rôle écrasant », dans *Fidelio*, l'unique opéra de Beethoven. C'est la première fois que cette œuvre est montée en Grèce dans sa version définitive. Nous sommes le 14 août 1944. Les Alliés ont débarqué en Normandie et ont commencé à libérer la France de l'occupation allemande. L'Europe est à feu et à sang et Maria triomphe. Les Allemands l'applaudissent pour avoir chanté leur musicien, les Grecs pour l'espoir de liberté que cette œuvre suggère.

12 octobre 1944, Athènes est libérée. Dans les rues, on danse, on chante, on s'embrasse. À nouveau les théâtres ouvrent leurs portes. Des spectacles se montent. Au Théâtre national, on programme la Fête de la Teleste. Mais Maria n'apparaît nulle part. Les rancunes se sont réveillées et elle a beaucoup travaillé sous l'Occupation !

*

La politique envahit tous les esprits. Les manifestations se succèdent. Le 3 décembre, les communistes qui tentent de prendre le pouvoir occupent presque toute la ville. La guerre civile éclate. Les morts se comptent par milliers. Un des frères d'Evangelia est tué. Maria et sa mère s'enferment dans leur appartement de la rue Patission. « Les hommes se battaient tout autour, devant les portes ou sur les toits. Trois d'entre eux furent abattus sur notre toit. Nous n'avions pas de pétrole pour faire la cuisine, pas de lumière, pas d'électricité. Nous n'osions pas relever les stores et vivions dans une semi-obscurité. On entendait des explosions, les cris des mourants et l'éternel fracas de la fusillade, des balles perdues, le crépitement des mitrailleuses. Il faisait un froid de loup et nous n'avions rien pour nous chauffer…», se souvient Evangelia qui s'indignera aussi du «meurtre» de ses trois canaris pris pour cible par l'un des combattants.

Bientôt, les choses s'apaisent. En février 1945, il n'y aura plus, en fait de «rebelles», que des morts ou des absents peuplant les camps et les prisons. Les forces conservatrices soutenues par les Anglais et les Américains ont repris le pouvoir. Le calme retrouvé, Maria se remet au chant.

Au printemps, elle n'en croit pas ses yeux : Georges, le père, resté muet pendant toutes ces années, vient de lui écrire pour lui annoncer qu'il a ouvert un drugstore à Los Angeles et qu'il serait heureux de revoir ses filles et sa femme. Pour preuve de ses activités prétendues florissantes, il a glissé un billet de cent dollars dans l'enveloppe. Maria travaille alors à une reprise du rôle de Marta dans *Tiefland*. Elle entre en scène le 15 mai. Mais la presse la boude. Pas une ligne sur sa prestation. Quinze jours plus tard, Theodoris Sinadinos, le nouveau directeur de la scène lyrique nationale grecque, ne lui fait pas l'affront de la renvoyer purement et simplement mais lui propose une révision à la baisse de son salaire. À prendre ou à laisser. Maria a beaucoup trop fréquenté «l'ennemi». Au-delà des récitals, des galas, des soirées mondaines, on avait souvent vu des officiels allemands et italiens dans l'appartement de la rue Patission. Evangelia le confirmera, plus tard, dans son livre de souvenirs. Maria Kalogeropoulos est donc accusée de collaboration. À défaut d'être inquiétée, elle n'est plus désirée. Elle refuse néanmoins la proposition de Sinadinos. Sa tentative, en septembre 1945, de se refaire une image en interprétant *Der Bettelstudent* (L'Étudiant pauvre), un opéra-comique de Karl Millöcker produit par l'un de ses amis, qui célèbre la victoire de l'opprimé sur les envahisseurs, n'arrangera rien. Longtemps après, Maria minimisera les choses. « Il n'y avait là que des jalousies de gens du métier qui n'acceptaient pas qu'une jeune fille de dix-huit ans puisse être engagée dans des tout premiers rôles tels que Tosca. »

Montrée du doigt, Maria envisage sérieusement de quitter la Grèce. Mais où partir ? Aux États-Unis pour revoir son père ? Après tout, n'est-elle pas américaine ? Début octobre, elle reçoit un courrier de son ambassade lui signalant de se rendre au plus vite sur le sol américain au risque de perdre sa nationalité. L'affaire est entendue. Ce sera l'Amérique. Elle partira à la fin du mois.

5

UN RENDEZ-VOUS MANQUÉ

« Dans la vie, il y a toujours un décalage entre
le pourcentage de chances au départ
et le pourcentage de réussite. »

C'est au théâtre Cotopoulis-Rex que Maria fait ses adieux au public d'Athènes. Le jour de son départ, après la réception offerte par le maire du Pirée, Maria embarque sur le *Stockholm* en fin d'après-midi. Sur le quai, à défaut d'Evangelia et de Jackie qui n'ont pas jugé bon de se déplacer, Elvira de Hidalgo serre Maria dans ses bras et lui rappelle que « C'est en Grèce que l'on apprend à chanter, mais c'est en Italie qu'on devient une chanteuse devant qui le monde entier s'incline… La gloire, c'est en Italie qu'on l'obtient, pas aux États-Unis ! »

Maria n'oubliera jamais son professeur. Elle lui doit tant. Comme l'a écrit Sergio Segalini, « elle a sorti le papillon de sa chrysalide ». Elles

41

ne cesseront jamais de s'envoyer de longues lettres.

Mais Maria a vingt-deux ans et c'est à l'Amérique qu'elle pense. Et puis aussi, peut-être, à son père, cet homme qu'elle connaît si peu et dont elle n'a pas eu de nouvelles pendant huit ans. La distance aide, on le sait, à la mythification. « Mon père était un homme plein de bonté, doux et soumis. Je l'ai toujours adoré. »

Georges, prévenu du retour de sa fille, est là le jour de son arrivée. Il pleut. Il la cherche, ne la trouve pas ; enfin, il s'adresse à une jeune femme un peu trop forte, avec de grosses lunettes sur le nez.

– Savez-vous s'il y a une Maria Kalogeropoulos parmi les passagers ?

Elle fixe une seconde de son regard de myope cet homme à la fine moustache, grand, maigre et déjà usé, très pâle et modestement vêtu ; puis se jette dans ses bras. Georges n'avait pas reconnu cette jeune fille qu'il avait quittée enfant et qu'il retrouve femme.

À New York, Maria vit chez son père, dans un petit appartement de la 157e Rue, où elle fait connaissance avec sa nouvelle compagne, Alexandra Papajohn, qu'il envisage d'épouser un jour. Pour gagner sa vie, l'affaire de Los Angeles ayant été un échec, Georges travaille depuis peu dans un lieu guère recommandable, « La Cuisine d'enfer ». Mais Maria a d'autres préoccupations. Elle a un toit et elle est jeune dans un pays où tout est possible. Sa première décision ? Changer de nom. Désormais, elle sera pour tout le monde Maria Callas.

Mais la cantatrice « que toute la Grèce aime », le premier soprano d'Athènes, n'est plus rien à New York. Tout est à recommencer. Il va falloir se battre en un combat dont, par bonheur, Maria ne peut prévoir la durée. Car les difficultés s'accumulent très vite. Les portes restent closes. Directeurs de théâtres, impresarii, studios, personne ne paraît s'intéresser à cette jeune fille disgracieuse. Car Maria a encore pris du poids. Ces déconvenues provoquant chez elle de réelles crises de boulimie, elle vide consciencieusement les placards et le réfrigérateur. Comment oublier cette humiliation reçue à l'occasion d'une audition au Metropolitan Opera (le fameux « Met »), lorsque Giovanni Martinelli, qui pendant des années a figuré à l'affiche de ce prestigieux théâtre, lui a suggéré, après l'avoir écoutée, de prendre des leçons pour égaliser sa voix, ajoutant, glacial : « Ne jouez pas au phénomène vocal en travaillant sur différents registres, croyez-moi ! » En somme, Maria Callas, pour la première fois, s'est sentie perçue comme un chien savant dont le numéro n'impressionne personne.

Mais elle a de la volonté. Oui, elle mange ! Oui, elle est presque obèse (elle approche des cent kilos) ! Oui, elle n'est rien en Amérique ; mais elle y arrivera ! Elle en est certaine. Aussi, après avoir pris le temps d'accepter les propos de Martinelli, elle cherche à entrer en relation avec Nicola Moscona, célèbre basse grecque qui vient d'être engagé au Met et qui l'a déjà aidée lors de son entrée au conservatoire d'Athènes. Elle lui demande de lui arranger un rendez-vous avec le très célèbre chef d'orchestre Arturo Toscanini. Mais le chanteur se récuse. Finalement, à force de ténacité, elle décroche une audition avec Edward Johnson, le directeur du Met. L'homme paraît séduit. Plus tard, il racontera leur rencontre dans les colonnes du *New York Post*. « Maria Callas nous fit une forte impression et nous vîmes en elle une jeune personne de grand talent. Nous lui avons proposé un contrat mais qui ne lui a point agréé. » Il ajoutera : « Elle n'avait pas d'expérience, pas de répertoire, elle était nettement trop grosse, mais cela ne nous dérangeait pas. »

En l'occurrence, ce qui « dérangeait » Maria au point de refuser ce contrat inespéré, alors qu'elle n'avait ni travail ni argent, c'était de chanter *Fidelio* et *Butterfly* en anglais.

Elle sait depuis toujours combien la langue originale d'un livret est importante et ne peut sans risques être séparée de la partition. Bravement, elle propose donc à Johnson de chanter *Aida* ou *Tosca* en italien. Pour cela, elle est même prête, dit-elle, à n'être point payée. Le directeur du Met s'en étrangle de stupeur. C'est non !

« On m'a prise pour une folle, expliquera-t-elle, et moi-même je me disais : c'est insensé ! Tu ne retrouveras jamais une pareille chance ! Mais je crois que cette décision est très révélatrice de mon caractère : je sais refuser, je sais choisir, je sais attendre, quelque angoisse que cette attente puisse me causer… En disant non, je n'obéis pas à un caprice mais à une décision mûrement réfléchie, bien pesée, à mon instinct aussi peut-être. »

Maria vient donc de se fermer les portes du Met. Mais cette salle, aussi prestigieuse soit-elle, n'est pas la seule à New York, sans compter les très nombreux autres théâtres lyriques aux États-Unis. Elle reprend donc ses auditions… avec les mêmes résultats ! La carrière de Maria piétine.

C'est au milieu de cette douloureuse mise à l'épreuve qu'elle fait la connaissance d'un couple qui lui semble providentiel. Richard Bagarozy est fou d'opéra et imprésario depuis peu. Son épouse, Louise Caselotti, artiste lyrique sans engagement, donne des leçons de chant pour gagner sa vie. Il auditionne Maria et, d'emblée, lui propose de s'occuper de sa carrière. Maria accepte et signe un contrat où elle s'engage à laisser à Bagarozy les pourcentages habituels pour « toutes les affaires qu'elle fera à New York ».

Pitoyables « affaires » en vérité. Elle entre dans la « Troupe d'opéra des États-Unis » que le couple vient de fonder et qui doit mettre en place *Turandot* de Puccini, un premier projet pour Chicago. La première, fixée au 6 janvier 1947, est retardée au 27 et, finalement, annulée.

Pendant que Maria « court le cachet », Bagarozy qui, lui, court après ses pourcentages, apprend que le fameux ténor et directeur artistique du festival de Vérone, Giovanni Zenatello, est à New York. Il cherche un soprano dramatique pour chanter l'été suivant, en Italie, *La Gioconda* de Ponchielli. Pour cette œuvre inspirée d'*Angelo* de Victor Hugo, il a déjà auditionné plusieurs cantatrices, mais il hésite entre Zinka Milanov, une jeune femme de trente-cinq ans au sommet de sa renommée, et Herva Nelli, recommandée par Toscanini. Parallèlement, il cherche aussi une éventuelle doublure. Grâce à Bagarozy, Maria obtient une audition au côté de Richard Tucker. C'est donc le ténor vedette du Met, fermement engagé pour Vérone, qui lui donnera la réplique pour cet essai.

Vêtue d'un chemisier blanc et d'une jupe noire, sans maquillage, Maria, qui à force de volonté a beaucoup maigri, chante le fameux « Casta diva » de *Norma*, puis « Suicidio » de *La Gioconda*. Giovanni Zenatello est transporté. Plus question de la Milanov ou de la Nelli. Ce sera Maria Callas ou rien ! Mais le directeur qui se double d'un fin financier profite de la jeunesse de Maria pour lui faire signer un contrat plus que médiocre. Elle ne touchera que soixante dollars par représentation, dont quatre seulement sont garanties. Voyage et séjour sont à sa charge et elle doit être présente à Vérone un mois avant la date du premier spectacle ! Sur ces cachets dérisoires, elle donnera encore dix pour cent à son imprésario… La proposition est indécente mais l'occasion trop belle ! Maria accepte.

Ainsi, Elvira de Hidalgo avait raison. C'est en Italie que la carrière de Callas va vraiment se décider ; en Italie où elle part le 17 juin 1947, embarquant à bord d'un vieux cargo russe à vapeur, le *Rossia*. Dans ses valises, des partitions et une garde-robe confectionnée par sa mère…

Evangelia n'a pas longtemps résisté au départ

de Maria. Elle est arrivée à New York à la fin du mois de décembre 1946 et vit chez son mari, avec lequel elle n'entretient plus, désormais, que des rapports amicaux. Toujours grandiloquente, elle quittera sa fille après quelques lieux communs dont elle avait le secret. « Je recommandais à Maria de croire en Dieu, de s'en remettre à la Providence, et de ne laisser jamais passer un jour sans Le remercier (…) de la voix d'or qu'Il lui avait donnée. Je rappelais à ma fille que l'existence était pleine de déceptions et je lui recommandais de rester forte en dépit des désillusions et de l'amertume qu'elle connaîtrait forcément… Je lui disais que lorsqu'elle rencontrerait un homme qu'elle aime et désire épouser, il lui faudrait être prête à l'adorer pour le restant de ses jours ; je lui disais de se rappeler que la perfection n'est pas de ce monde, que son mari aurait des défauts, tout comme elle… »

C'est Leonidas Lanzoumis, le parrain de Maria, qui a payé ce voyage sans fin, durant lequel, au côté de Louise Caselotti, Maria meuble le temps à table, et reprend vite ces kilos qu'elle a eu tant de mal à perdre.

6

LES AMANTS DE VÉRONE

« J'ai fait la connaissance d'un homme
qui est follement épris de moi. »

Le séjour qui avait très mal débuté, par le vol de tous ses bagages le 28 juin au soir, dans un petit hôtel de Naples, s'éclaire lorsque, arrivée à Vérone, elle est profondément émue en recevant les hommages de Renato Ravazzini, le secrétaire général du festival.

« Dans une chambre de l'hôtel Academia, je me trouvais face à une grosse fille toute simple, apparemment timide, et dont la corpulence la faisait paraître beaucoup plus âgée. (…) Elle semblait surprise qu'on s'intéresse à elle. Puis ce fut à son tour de m'interroger sur les caractéristiques du spectacle aux arènes, sur les habitudes et le comportement du public. Elle était décidée à vaincre toute émotion et à se jeter à fond dans cette entreprise pour s'y affirmer. »

Le lendemain, Maria fait la connaissance de deux hommes qui vont bouleverser sa vie. Tullio Serafin, le premier, a soixante-neuf ans. Il est l'un des plus célèbres chefs d'orchestre du monde. Il a travaillé pour les plus grandes salles lyriques et, dès qu'il entend les premiers sons que Maria lui propose, il sait qu'il a affaire à une grande voix. Il devine aussi qu'elle a une saine et vigoureuse ambition. Le second homme, rencontré le même soir à un dîner, est un ami du maestro. Il s'appelle Giovanni Battista Meneghini. Il a cinquante-trois ans. Il est célibataire et adore l'opéra. De cette première rencontre il a laissé un témoignage. «Elle me fit une certaine impression car elle avait une allure plutôt majestueuse. Le visage était bien rond, la poitrine imposante, les épaules carrées, les cheveux noirs, les yeux enfoncés. Lorsque nous nous levâmes, je ressentis le premier vrai sentiment d'intérêt pour Maria Callas. Assise, elle s'était tenue dans son petit coin, quoiqu'elle fût massive et corpulente ; mais debout, elle faisait peine à voir. De la taille aux pieds, elle était difforme. Ses chevilles étaient enflées, aussi épaisses que ses mollets. Elle se déplaçait gauchement, avec peine. J'en demeurai interdit et les sourires ironiques, presque méprisants, que j'avais surpris chez certains des convives y étaient pour quelque chose. Elle s'en était aperçue, elle aussi, et se tenait à l'écart, les yeux baissés, silencieuse. »

Le lendemain, Meneghini lui fait visiter la ville. Maria semble enchantée. Deux jours plus tard, ils dînent dans un restaurant près du lac de Garde et, au retour, il lui demande de s'occuper de sa carrière. Maria dit oui. Quelques jours après, l'accord semble devenir affectif. Maria paraît plus réservée. À sa mère, elle écrit : « J'ai fait la connaissance d'un homme qui est follement épris de moi… Je ne sais que lui répondre. Il a cinquante-trois ans, qu'en penses-tu ? Il est très riche et il m'adore. » Evangelia n'est pas plus enthousiaste. Bien sûr, il est riche… mais il pourrait être son père ! Maria doit se décider elle-même. Sa réponse est finalement extrêmement pragmatique : « Tu crois aimer ? Il dit t'aimer ? Alors, épouse-le ! »

Elle n'a pas le beau rôle, dans cette histoire, Evangelia. On a dit qu'elle était impossible, et c'est vrai. Elle a fait tant de projets, tant de rêves pour ses filles, pour Maria… « Dans la vie, on le sait bien, les choses ne se présentent pas exacte-ment comme on le souhaiterait. Mais tout finit par s'arranger… » C'est là un autre lieu commun de la philosophie d'Evangelia. « Et un mari a toujours des défauts, il faut le savoir ! »

En attendant et sans doute parce que c'est la

première fois, les déclarations d'amour de Meneghini donnent de l'énergie à Maria qui travaille jusqu'à l'épuisement lors des répétitions. Est-ce par fatigue que le soir du 1er août, après avoir répété toute la journée, elle tombe à la renverse ? Le médecin diagnostique une entorse qui la fait terriblement souffrir et, surtout, risque de tout faire échouer. Présent à ses côtés, Meneghini, qui peut comprendre sa souffrance physique et surtout son angoisse à l'idée de ne pouvoir chanter lors de la première, va passer toute la nuit à son chevet. « À partir de ce moment-là, écrira Maria, j'ai compris que je ne pourrais jamais trouver un homme plus généreux... Si Battista l'avait voulu, j'aurais abandonné ma carrière sans regret car dans la vie d'une femme, l'amour est plus important que tous les triomphes artistiques. » Le même Titta, comme elle l'appelle déjà, lui offre un petit tableau du XVIIIe siècle représentant la Sainte Famille qui la bouleverse. Ce sera son porte-bonheur dont elle ne se séparera jamais et que l'on retrouvera toujours dans sa loge, chaque fois qu'elle chantera.

Le lendemain, le 2 août au soir, vingt-cinq mille personnes – le public le plus difficile du monde dit-on – attendent dans les arènes. La nuit est claire et, dans la coulisse, juste avant d'entrer en scène, Maria « tremble comme une feuille ». Puis, après s'être signée, elle fait un pas et passe de l'ombre à la lumière, abandonnant avec cette dernière les mille doutes qui la seconde d'avant l'assaillaient. Devant ces milliers de « visages fantomatiques », avec une assurance souveraine, elle chante et épouse ce rôle étrangement prémonitoire de celui qui, plus tard, se confondra avec sa propre vie.

À ce moment précis la Gioconda, c'est elle. Une cantatrice amoureuse d'un marin, d'un noble capitaine... qui lui préférera la femme d'un homme de pouvoir. Désespérée, Gioconda se percera le cœur et mourra d'amour. Callas héroïne de tragédie, Callas tragédienne est née !

Et le public, délirant comme seul sait l'être celui de Vérone, a hurlé sa joie quand elle a salué. « Bah, ta myopie, et alors ! Qu'as-tu besoin de voir le public pour chanter ! » Ce soir-là, les paroles d'Evangelia ont peut-être ressurgi dans la mémoire de Maria qui, à défaut de le voir, ce public qui lui crie son bonheur, s'en emplit les oreilles, la tête et l'âme.

Toutefois, pour être honnête, il semblerait bien que les spectateurs aient davantage ovationné le ténor Richard Tucker que cette presque débutante que personne ne connaissait en Italie. Et si les critiques ont bien souligné la pureté, la qualité de sa voix, ils sont restés étrangement prudents.

53

Certes, « elle fait sensation », écrira plus tard Sergio Segalini, « mais l'harmonie de sa voix dérange. Cette manière de se laisser totalement posséder par l'héroïne qu'elle chante, et de participer à l'action avec tant d'évidence met le spectateur moyen mal à l'aise. De plus, le vertige des aigus, la vaillance du timbre et l'insolence des moyens cachent la véritable nature de la voix de Callas. » Quant au maestro Serafin, il ne remarque pas non plus ce soir-là toutes les richesses de Maria. Dans une lettre adressée à Meneghini à la fin de la saison lyrique, il soutient qu'elle « se heurte à des obstacles insurmontables en Italie : elle n'a pas une voix italienne ! » En somme, il présume qu'elle ne fera jamais une grande carrière. Jugement qu'il révisera bientôt, comme on le verra.

La Gioconda sera donnée cinq fois. Et fin août, au lieu de repartir pour New York, Maria reste en Italie.

7

L'ENVOL DU PAPILLON

« On a commencé à me prendre
au sérieux en Italie, à partir de 1948. »

La rencontre avec Meneghini est pour beaucoup dans la décision de Maria. Pour la première fois de sa vie, à vingt-quatre ans, elle se sent amoureuse. C'est aussi, sans doute, la première fois qu'un homme s'intéresse à elle au-delà de sa voix. Il semblerait bien en effet qu'on ne lui connaisse pas de relations amoureuses précédentes. La différence d'âge ne paraît pas l'inquiéter. Trente ans tout de même ! Et puis, l'homme est si pressant, si attentionné, si fortuné… Ses affaires dans le bâtiment, il les fait dans un pays ruiné par la guerre où il réalise d'importants bénéfices. Il n'en est pas moins encore sous la coupe de sa mère qui veille jalousement sur ce fils adoré dont le ventre s'est arrondi avec les années et qui, jusque-là, s'était borné à séduire les danseuses ou les actrices en tournées à Vérone.

Mais cette fois, il est amoureux. Le coup de foudre ! Qu'y a-t-il donc dans son regard pour que Maria en soit si soudainement attendrie ? Comment imaginer cet improbable couple : ce respectable notable de province et cette jeune chanteuse grassouillette ? Qu'elle chante ! Il s'occupera de tout ! De sa carrière qu'il prendra en main, d'elle qu'il entourera car elle est fragile, a besoin d'attention, de tendresse, de sécurité... Lui seul saura la combler. Qu'elle ne craigne plus la solitude, désormais elle a un protecteur !

Seul point noir dans cet avenir idyllique : l'affaire que dirige Meneghini est familiale et les autres membres du clan regardent cette liaison d'un œil méfiant, d'autant que l'on parle de plus en plus mariage ! Craignent-ils que Meneghini cesse ses activités pour ne se consacrer qu'à la carrière de son épouse ? Pis encore, qu'en cas de décès le patrimoine leur échappe au bénéfice de Maria ? Dans l'ombre, on consulte déjà des avocats. Les critiques viennent aussi du monde industriel véronais. Les amis de Meneghini ne comprennent pas cet engouement : « Mais enfin, Battista, tu ne vois pas que c'est une patate *(sic)*, une cruche ! Mais regarde comme elle est laide et lourde... Tu as perdu la tête ! » Meneghini n'écoute rien. Il épousera Maria, il le veut, il en est certain.

La tête dans les étoiles, les amoureux se mettent au travail. Mais là encore, les débuts sont difficiles, d'autant que Maria, comme Meneghini, se veut exigeante. Ainsi, lorsque le théâtre de Vigevano lui propose de reprendre *La Gioconda*, elle refuse. Battista et elle visent plus haut, attendent mieux.

Depuis plusieurs jours, ils pensent à la Scala, le plus prestigieux théâtre lyrique italien. Meneghini est parvenu à obtenir une lettre de recommandation signée Antonio Guarnieri, le célèbre maestro wagnérien qu'il a connu à Venise. Et cette recommandation, adressée à Mario Labroca, le directeur artistique de la Scala, fonctionne.

Le 18 septembre 1947, devant le maestro, Maria propose de chanter « Casta diva » de *Norma*. Un choix qui semble déplaire à Labroca, persuadé qu'il va encore avoir affaire à l'une de ces trop nombreuses jeunes soprani qui choisissent inconsidérément, pour faire de l'effet, pensent-elles, l'un des airs les plus périlleux du répertoire. Il l'écoute, sans conviction. Puis il lui demande de chanter « O Cieli Azzurri » de *Aida*. Maria s'exécute mais au bout de quelques notes, elle est interrompue par une voix atone qui prononce, laconiquement, cette réponse qu'elle a si souvent entendue à New York : « Merci mademoiselle, mais nous n'avons besoin de personne en ce moment. Nous vous rappellerons. » Quelques semaines plus tard, c'est Elisabetta Barbato qui est engagée et ce n'est que bien des années après que Maria apprendra ce que Mario Labroca avait dit à Meneghini : « Renvoyez-la en Amérique au plus vite, vous ferez une excellente affaire, car il n'y a rien à en tirer ! »

Pour l'heure, Maria et son Pygmalion sont à la fois déçus et inquiets, car lorsque la Scala dit non, toutes les autres portes se ferment en Italie. Maria s'interroge. À nouveau sa carrière piétine. Sa relation avec Meneghini s'avère de plus en plus compliquée au sein de sa famille. Ne devrait-elle pas le quitter et refaire ses valises ? Finalement, elle reste car Meneghini ne s'avoue pas vaincu. Il entre en contact avec l'une des plus grandes agences de spectacles d'Italie, la A.L.C.J., conduite par Liduino Bonardi qui a accepté de rencontrer Maria. Si ce n'est pas l'enthousiasme, au moins a-t-il souhaité la revoir en compagnie de la directrice du théâtre Franschini de Pavie qui a programmé deux *Gioconda*. Celle-ci consent, après d'âpres discussions, à en confier une à Maria, mais pour vingt mille lires. Un cachet de misère !

C'est alors qu'un événement inattendu, qui aura des retombées inespérées, se produit. En sortant de l'agence, Meneghini, fou de colère, pousse la porte avec une telle violence qu'il la projette à la tête d'un homme qui entre et hurle de douleur. Dans l'affolement qui s'ensuit, Meneghini, qui s'est précipité pour s'excuser, reconnaît Nino Cattozzo, l'un des chefs d'orchestre les plus réputés d'Italie. Ils s'étaient déjà rencontrés à Vérone. Or Cattozzo, qui vient d'être nommé directeur du théâtre de la Fenice de Venise, envisage de monter *Tristan et Isolde* de Richard Wagner. Reste à chercher une Isolde ! L'occasion est trop belle. Meneghini, qui n'a rien à perdre, lui parle de Maria et affirme qu'elle connaît parfaitement le rôle. Le mensonge est énorme car Maria n'en a jamais lu la moindre note. Mais Cattozzo, qui l'a vue et appréciée dans la *Gioconda*, est d'accord. L'avis de Tullio Serafin, qui dirigera l'œuvre, décidera de tout.

Le temps de se rendre à l'hôtel et déjà le maestro, heureux de retrouver la jeune fille, s'installe au piano, lui tend la partition. Apparemment très sûre d'elle, Maria s'en saisit et chante. Elle déchiffre à vue, mais avec un tel naturel qu'elle bluffe tout le monde. Le verdict de Serafin tombe. Maria a fait d'énormes progrès. Elle sera Isolde, mais à une condition, qu'elle vienne le rejoindre, chez lui, près de Rome, pour travailler le rôle.

Fin octobre, Maria arrive donc chez Serafin. Chaque jour, pendant deux heures et demie, ils répètent. Très vite, le maestro révise son opinion sur la jeune femme qui a, de toute évidence, une maturité artistique exceptionnelle. C'est aussi l'avis de son épouse, Elena Rakowska, l'une des plus grandes interprètes wagnériennes, stupéfaite lorsqu'elle apprend que Maria lors de l'audition ne connaissait rien de la partition : « Moi et toutes celles qui ont interprété Isolde, comme la grande Kirsten Flagstad, avons passé au moins deux ans sur le rôle ! » Un rôle que Maria va totalement posséder en deux petits mois…

Enfin, début décembre, les répétitions commencent. Maria est à Venise sous la double direction de Serafin pour la musique et de Enrico Frigerio pour la mise en scène. Le 30 décembre au soir, lorsque le rideau tombe, c'est un triomphe, la revanche tant espérée qui compense toutes les humiliations passées. Car, au-delà de l'enchantement du public, la presse est excellente. On y souligne le sens musical de la jeune cantatrice et ses inégalables qualités d'interprète. Devant un tel succès que confirment les trois autres représentations, Cattozzo l'engage immédiatement pour *Turandot* de Giacomo Puccini. Maria n'a que dix-huit jours pour préparer le rôle de Turandot. Cette cruelle fille de l'empereur Altoum menace de mort ses prétendants s'ils ne parviennent pas à résoudre les trois énigmes qu'elle leur propose. Calaf, fils de l'ex-roi de Tartarie, est stupéfié par la barbarie de cette princesse, mais aussi par sa beauté. Follement amoureux, il parviendra à trouver les énigmes, et Turandot finira par l'épouser. Le livret passant sous silence leur bonheur supposé, assorti d'une nombreuse progéniture !

À nouveau, le succès est au rendez-vous et Callas devient en quelques jours « l'une des coqueluches du public vénitien ». Aussitôt, la nouvelle se propage et les engagements suivent. Au théâtre Puccini d'Urbino succède l'Opéra de Trieste qui la demande pour Leonora dans *La Forza del destino* que Verdi créa en 1862 à Saint-Pétersbourg. Maria triomphe à nouveau et la critique, qui suit le public, souligne les dons exceptionnels de comédienne de la cantatrice. Au mois de mai, celle-ci reprend *Tristan et Isolde* sous la baguette de Serafin à Gênes, puis, en juillet, *Turandot* à Rome, à Vérone et à Gênes à la mi-août, avant d'être Aïda à Turin, et à Rovigo en octobre.

La jeune femme irradie le bonheur. Un état qu'elle souhaite partager avec Elvira de Hidalgo, celle qui a toujours cru en son talent et qui suit passionnément l'évolution de sa carrière. « Laisse-moi t'embrasser, lui écrit-elle, pour ton succès. J'aurais tellement aimé assister à ton triomphe… Maintenant tu peux être tranquille et contente. Tu as gagné, comme tu dis ! Tu vois que la lutte n'a pas duré trop longtemps ! »

La critique, qui maintenant s'attache aux pas de Maria, est généralement fort élogieuse. À Gênes, après *Tristan et Isolde*, on écrit : « Noble, presque hiératique, reine superbe et amante passionnée, elle a insufflé à ce rôle la vie des grandes interprétations. » Il faut dire que la silhouette de Maria s'est considérablement modifiée : la jeune femme s'est astreinte à un régime draconien et a perdu beaucoup de poids.

Son talent, ses progrès constants et l'énergie de Meneghini à promouvoir sa vedette ont payé. Les années de galère, les refus en tout genre paraissent s'éloigner. Maria est de plus en plus demandée et ses cachets augmentent.

L'année 1948 – une année charnière dans la vie artistique de Maria Callas – s'achève en beauté. Tullio Serafin doit monter pour le Mai musical florentin une *Butterfly* de Puccini. Enthousiasmé par les prestations de Maria, il demande à Francesco Siciliani, le directeur artistique du festival, de venir l'écouter chez lui. Siciliani est sous le choc. Oubliée, *Butterfly*! Il vient de trouver la voix de ses rêves et c'est avec elle et elle seule qu'il va monter *Norma* de Vincenzo Bellini. Maria est aux anges!

Cette grande prêtresse des druides gaulois, partagée entre le désespoir et l'esprit de vengeance lorsqu'elle apprend la trahison de son amant, l'occupant proconsul romain Pollion, c'est elle. Maria se voit déjà en Norma, avouant son crime à son peuple et exigeant de mourir avec Pollion dans les feux… de l'amour!

Pendant six semaines, Maria s'immerge dans la partition. Elle a quitté une nouvelle fois Meneghini pour s'installer chez Serafin. Mais elle écrit tous les jours à celui qui lui apporte tant. « Mon chéri, je travaillais Norma quand une terrible mélancolie m'a prise; j'ai dû me mettre à t'écrire pour me sentir moins seule et m'épancher dans ton cœur. Tu sais, mon chéri, je suis tellement pessimiste, la moindre chose m'afflige… me trouble. Tout ce que j'entreprends, je suis convaincue de le faire mal, et alors je m'énerve et me décourage. J'en arrive à invoquer la mort pour me libérer des angoisses qui me rongent sans cesse… Tu sais, j'aimerais donner tellement plus dans tous les domaines… Pour le chant, je voudrais que la voix "m'obéisse" toujours, qu'elle se plie à ma volonté, mais je crois que je suis trop exigeante. L'organe vocal est ingrat et ne réagit pas comme je le voudrais. J'irais même jusqu'à dire qu'il est rebelle et refuse d'être commandé ; ou mieux encore dominé. Il se dérobe toujours et j'en souffre. »

Maria est angoissée, se sent seule, se sent mal, mais elle continue de travailler. Enfin le jour de la première, le 30 novembre 1948, arrive. La mise en scène est signée Ugo Bassi. Barbieri, Picchi et Siepi complètent la distribution.

L'accueil du public et de la critique dépasse toutes les espérances. *Le Nuovo Corriere* écrit : « L'héroïne a trouvé avec la soprano Maria Callas l'accomplissement très convaincant de son sens dramatico-musical… À tel point que cette jeune artiste maîtrise déjà les principes les plus sévères de la grande tradition du bel canto italien. » Maria chante enfin comme une Italienne et ses partenaires sont tous aussi élogieux. Mirto Picchi écrit : « La première de *Norma* à Florence est parmi mes souvenirs les plus chers. Callas et moi débutions ce soir-là dans le chef-d'œuvre de Bellini. Une représentation a suffi pour la consacrer Norma inapprochable. Il est vrai qu'au début le récitatif "Sediziose voci" produisit une étrange sensation dans le public. À la tombée du rideau, au quatrième acte, elle avait bien évidemment gagné la bataille. Elle avançait désormais vers cette carrière glorieuse qui, à ce moment-là, commençait à se préciser de manière claire. »

Quant à Maria, elle confie à propos du rôle : « Il se peut qu'il y ait chez Norma quelque chose de mon caractère. C'est une femme trop orgueilleuse pour montrer ses véritables sentiments. Il faut attendre la fin pour qu'elle révèle ce qu'elle est. »

La fin, tout est là ! Maria sait qu'elle seule peut à la fois être la parfaite interprète du pur bel canto mais aussi trouver en elle les résonances tragiques voulues par Bellini à la fin du drame ; faire succéder au phrasé diaphane de « di gracia » typiquement « bel cantiste » cette cassure de la voix caractéristique des héroïnes telles que Medea, Alceste ou Traviata…

Emportés par l'euphorie et par les propositions de grands premiers rôles, tous plus séduisants les uns que les autres, Maria et Meneghini avaient donné leur accord pour Brünnhilde dans une *Walkyrie* de Wagner, prévue début janvier au théâtre de la Fenice à Venise.

Mais le surlendemain de la seconde et dernière représentation de *Norma*, Maria est opérée de l'appendicite. Lorsqu'elle sort de l'hôpital, il ne lui reste que quinze jours pour entrer dans le rôle redoutable qui l'attend et elle réussit ce tour de force. Le 8 janvier 1949, elle est sur scène et le public... debout dans la salle ! L'exploit vocal, souligné par la critique, ne la console que partiellement d'avoir dû chanter le livret en italien.

C'est à ce moment-là qu'à nouveau le hasard va bouleverser sa vie. À la suite de *La Walkyrie*, la Fenice avait programmé le onzième et dernier opéra de Bellini : *I Puritani*. Tullio Serafin devait le diriger et Margharita Carosio, alors l'une des rares cantatrices à pouvoir assumer un tel personnage, interpréter Elvira. Mais début janvier, elle tombe malade, puis, vers le 12, déclare forfait. Tout est remis en question. On parle d'annulation, faute de trouver en si peu de temps une cantatrice capable d'assumer un personnage aussi complexe. C'est alors qu'Elena Rakowska suggère le nom de Maria Callas. L'idée n'est pas sérieuse. Maria, engagée pour quatre représentations de *La Walkyrie*, termine le 16, trois jours avant la première des *Puritani* ! Comment passer de Brünnhilde, un rôle écrasant, à celui d'Elvira qui, par ailleurs, demande une tessiture vocale radicalement différente ? Il paraît impossible de chanter ces deux opéras pratiquement en même temps !

Et pourtant… Le directeur du théâtre et le maestro décident de le lui demander. Ils font irruption dans sa chambre d'hôtel. Meneghini est avec elle. Ils les réveillent. Sans prendre le temps de s'habiller, Maria leur chante le seul air de la partition appris autrefois avec Hidalgo… Et elle est superbe. Six jours, elle a six jours pour tout apprendre… une prouesse qu'elle va réaliser avec panache ! Son Elvira déchaîne l'enthousiasme devant une salle venue majoritairement applaudir la Carosio. Les critiques sont une nouvelle fois dithyrambiques. « Le triomphe le plus inattendu est revenu à la Callas qui s'est révélée une Elvira inimitable. Des rôles écrasants de Turandot et Brünnhilde a jailli une créature sensible présente dans chaque note, et qui possède du chant une intelligence supérieure. » La surprise fut telle que le succès des *Puritani* va traverser toute la péninsule italienne et même ses frontières.

Maria n'est plus seulement une cantatrice appréciée par un petit monde de spécialistes italiens. Désormais, tous les directeurs de théâtre du monde savent que la Callas existe !

8

LES DÉBUTS D'UNE CARRIÈRE INTERNATIONALE

« N'oublie pas que tu te dois
avant tout à ton public. »

Si, pendant toute l'année 1948, Maria s'est illustrée dans des rôles puissants, montrant à tous ceux qui avaient tant douté qu'elle est non seulement une véritable cantatrice mais aussi une grande tragédienne, l'année 1949 confirme ses efforts. Le rythme de ses engagements s'accélère encore. À peine a-t-elle achevé *I Puritani* qu'elle quitte Venise pour Palerme afin d'interpréter deux *Walkyrie* au théâtre Massimo.

Pour la première fois, Maria va y découvrir l'envers du métier. D'abord il y fait un froid glacial, d'autre part la ville est pauvre. Elle n'a pas achevé sa reconstruction. Le théâtre est fort vétuste et les autres artistes n'ont pas la rigueur de la jeune fille. « Hier, écrit-elle à Meneghini, c'était la répétition générale. Tu n'imagines pas le gâchis ! Le chef parlait beaucoup sans arriver au moindre résultat… La basse Neri ne connaissait pas son rôle… Il paraît même qu'ici les chanteurs oublient de se rendre au théâtre ! » Le résultat est, hélas, à la hauteur des répétitions et la critique la met hors d'elle. « Un imbécile a écrit que Neri possédait une voix merveilleuse… Je ne compte plus et ne pourrai jamais oublier les fausses notes qu'il a accumulées. Si l'opéra était plus connu, le public l'aurait sifflé ! » Elle jure qu'elle n'y remettra plus jamais les pieds.

Deux jours après Palerme, Maria est à Naples pour quatre *Turandot* au théâtre San Carlo où sa mauvaise humeur paraît s'être envolée. Le public l'adule et la presse se met au diapason.

À peine remise de ce rôle éprouvant, elle se rend à Rome où elle retrouve Serafin pour apprendre en une semaine le rôle de Kundry de *Parsifal*, qu'elle chantera quatre fois entre le 26 février et le 8 mars aux côtés de Hans Beirer et Cesare Siepi.

Si Maria accumule les louanges, elle additionne aussi les rôles, quatre en deux petits mois ! Sans ménager sa voix, ni sa ligne… Sa boulimie alimentaire est égale à sa boulimie de travail et de réussite. Maria a de nouveau grossi. Mais comment le lui reprocher ? Elle est ambitieuse.

On lui offre des rôles. Elle les honore. Elle y triomphe. On la redemande. Elle dit oui… Est-ce bien prudent, alors qu'elle doit donner sa dernière de *Parsifal* à Rome, d'accepter, la veille, un récital à Turin où elle chante « Casta diva » de *Norma*, « Qui la voce » des *Puritani* et « O patria mia » de *Aida* ? Mais comment pourrait-elle s'inquiéter lorsque la célèbre basse de Angelis déclare à la fin du concert : « Je suis sûr que l'esprit de la Malibran renaît en Maria Callas » ?

Quelques jours plus tard, c'est son professeur Elvira de Hidalgo qui lui écrit : « Avant toute chose, laisse-moi te dire combien j'ai été émue de t'entendre sur Radio Turin… Bravo Maria ! Tu vois, j'avais bien raison quand je te disais de n'écouter personne car avec ma méthode tu pourras un jour chanter n'importe quel opéra. Quand les autres te disaient à seize ans que tu étais une soprano dramatique, moi je te faisais chanter *Cenerentola* et je te faisais faire des vocalises comme un soprano léger ; voilà pourquoi aujourd'hui tu émerveilles tout le monde… Je suis vraiment fière de toi. Ici tous mes élèves t'adorent et me demandent ta photographie. J'ai passé vingt jours à Athènes. J'ai lu tous les journaux que tu m'as envoyés. Naturellement tous les amis sont ravis et tous les ennemis en ont fait une jaunisse. »

Les amis, les vrais, sont en tout cas enchantés d'apprendre que Maria doit bientôt partir pour l'un des plus grands théâtres du monde : le Colon de Buenos Aires. Depuis son ouverture au début du XXe siècle, les plus célèbres maestros, chorégraphes, metteurs en scène et interprètes internationaux se sont produits dans ce théâtre qui a cette particularité unique de posséder deux orchestres symphoniques : un pour les concerts, un autre pour l'opéra. Maria doit y intégrer la troupe que Tullio Serafin a composée en vue d'une tournée prestigieuse.

Elle part donc le 21 avril, sans Meneghini contraint de rester en Italie pour ses affaires, dont il s'occupe encore à contrecœur. Cinq mois de séparation qui paraissent interminables à l'un comme à l'autre. Est-ce pour lui offrir une ultime preuve d'amour que Maria menace d'annuler son voyage si Meneghini ne l'épouse pas avant leurs adieux ? L'ultimatum est irrecevable. Meneghini accepte.

À y regarder d'un peu plus près, ce projet d'union, construit dès le début de leur rencontre, s'est éternisé pour de multiples raisons. D'une part, les deux amants n'ont pas la même nationalité mais, surtout, ils ne sont pas de la même obédience. L'Italie d'alors est encore profondément catholique et l'influence de l'Église romaine, même dans la nouvelle Constitution républicaine, toujours puissante. Marier une orthodoxe et un catholique nécessite des dispenses du Vatican. D'autre part, la famille de Meneghini est plus que jamais opposée à cette union. Elle tente même de faire échouer la procédure en cours. Finalement, après avoir usé de toutes ses relations, Meneghini obtient les fameuses dispenses. Et le jour du départ, dans l'église San Philippino de Vérone, ils se disent « oui » devant Dieu, pour le meilleur et pour le pire.

Il est quatre heures de l'après-midi. Devant l'autel, les deux époux. Derrière, deux témoins et quelques amis. Mais personne des deux familles ! Maria a pourtant prévenu sa mère, toujours aux États-Unis, qui lui fait parvenir en guise de réponse un bouquet de fleurs blanches accompagné d'un télégramme qui dit ceci : « De tout mon cœur, je te souhaite d'être heureuse avec cet homme. Mais n'oublie pas que tu te dois avant tout à ton public et non à ton mari ! » Incorrigible Evangelia qui poursuit par procuration ses rêves de gloire ! Qu'importe, Maria sait que sa mère ne changera plus et qu'un jour ou l'autre il faudra bien s'en expliquer. Plus philosophe, Meneghini déclare : « Maria a désormais

deux êtres pour l'aimer : sa mère et moi»,
oubliant cette entité dévorante et omniprésente,
le public, qui la réclame.

La cérémonie achevée, les nouveaux mariés
prennent la direction de Gênes. Il est minuit
lorsque l'*Argentina* lève l'ancre. Il y a à peine
quelques heures que Maria et Battista sont unis
et déjà la vie les sépare. Un éloignement provi-
soire que Maria vit comme elle vit son premier
amour, confondant l'exaltation que lui procure
sa jeune gloire avec l'impression, ô combien ras-
surante, de sécurité qu'incarne cet époux auquel
elle écrit chaque jour de longues lettres d'amour
où elle lui reproche de l'avoir laissée partir, lui
parle de son désir inassouvi, du manque né de
son absence mais aussi du bonheur de l'avoir
trouvé : «Aucune femme n'est plus heureuse que
moi. Le chant m'a apporté la célébrité, mais j'ai
surtout rencontré l'homme de mes rêves.» ...
«Cher Battista, il faut que je t'avoue quelque
chose. Je meurs d'envie d'avoir un enfant de
toi!» Le pense-t-elle vraiment? Instinctivement,
comme tous les artistes, Maria sent confusément, sans oser se l'avouer, qu'une jeune carrière aussi exigeante, aussi difficile et périlleuse
que la sienne ne peut se construire, dans ses
débuts tout au moins, sans être protégée.

À Buenos Aires, le programme de Maria est chargé. Elle est à l'affiche de *Turandot*, de *Norma* et de *Aida*. Des rôles qu'elle connaît bien et dans lesquels elle a excellé en Italie la saison précédente. Mais l'attente du public n'est plus tout à fait la même. L'Italie qui l'avait finalement adoptée s'est prise de passion pour elle. En Argentine, où elle arrive précédée de sa réputation, il lui faut faire ses preuves. Une fois de plus, c'est de conquête qu'il s'agit ! Les 20 et 29 mai puis les 11 et 12 juin, elle est Turandot en alternance avec la Rigal. Maria, qui n'est pas au mieux de sa forme, suscite une critique nuancée. Si les journalistes saluent la puissance de son médium, ils restent plus réservés sur une certaine nervosité de sa voix.

Et c'est bien sûr cette réserve que retient la perfectionniste. Elle sera vite réconfortée lorsque son interprétation de Norma fera l'unanimité. Au soir de la générale, le 17 juin, elle écrit à Meneghini : «Tu me vois pleine d'émotion devant un tel triomphe… Impossible de décrire l'enthousiasme du public. On aurait cru des fous… J'ai chanté à en soulever le théâtre. Je n'ai jamais vu un succès pareil, et maintenant, si Dieu le veut, j'en ferai un autre avec *Aida*.» Et Dieu le veut ! À son mari, ces quelques mots :

«Il n'y en eut que pour moi. Le public m'adore et Grassi-Diaz [l'organisateur de la tournée] parle déjà de l'année prochaine!»

Les dirigeants argentins qui étaient dans la salle sont conquis. Evita Peron, l'idole du peuple, qui s'identifierait volontiers à Norma, la grande prêtresse, la prie de bien vouloir chanter «Casta diva» pour les fêtes de l'Indépendance, lors d'un concert dirigé par Serafin, le 9 juillet. Maria dit oui.

Le 14 du même mois, elle est à l'aéroport, via l'Italie. Pendant son absence, Meneghini a fait aménager un appartement au-dessus de ses bureaux, dans son usine de Vérone. Mais les rivalités familiales n'ont pas cessé et la vie des nouveaux mariés s'y avère impossible. Ils déménagent bientôt pour un vaste appartement, situé au dernier étage d'un palais véronais.

Maria, enchantée de son séjour argentin, est aussi fatiguée. Depuis dix-huit mois, elle n'a pas arrêté. Elle en fait trop et sa santé s'en ressent, à force de négliger vertiges et baisses de tension. En cet été 1949, il y a urgence. Dans un premier temps, Maria, sagement, décide de prendre du repos et refuse tout engagement. D'ailleurs, elle veut passer davantage de temps auprès d'un mari dont elle exige, de plus en plus, la présence.

Mais le repos ne fait partie ni de son imaginaire ni de son vocabulaire. Aussi, malgré les avertissements, et après avoir passé quelques jours de vacances à Venise, elle reprend le travail. Le 18 septembre, elle est à Pérouse où, dans l'église Saint-Pierre, elle chante L'oratorio San Giovanni Battista d'Alessandro Stradella.

À cette occasion, elle rencontre les maestros Pizzetti et Gui. Ce dernier s'apprête à diriger *Nabucco*, le plus grand succès populaire de Verdi, au théâtre San Carlo de Naples. Accepterait-elle le rôle d'Abigaille? Un rôle terrible sur lequel de nombreuses voix se sont brisées depuis sa création par Giuseppina Strepponi, l'épouse de Verdi. Stimulée par la difficulté de la partition, Maria accepte le pari.

Mais tout ne va pas pour le mieux entre la chanteuse et le chef d'orchestre. À son mari, elle écrit: «Gui est content de travailler avec moi. Moi, par contre, je ne suis pas enchantée. Il ne parle que de lui. Le metteur en scène ne sait pas ce qu'est *Nabucco*. Du point de vue scénique, je devrais me fier à mon inspiration… Tu te rends compte de la façon dont on monte un spectacle aujourd'hui! Quelle horreur! Où est Serafin qui nous apprend tout et s'inquiète même des jeux de scène?» Cette mauvaise humeur découle-t-elle d'inquiétudes plus intimes? Maria se croit enceinte et elle veut cet enfant. Mais avant la première, elle écrit à son mari une longue lettre qui se résume par cette phrase : « Je t'annonce que cette fois encore, il n'y aura pas de bébé… Prenons patience ! »

Malgré cette déception, Maria, lors de la première, le 20 décembre, est merveilleuse. Avec ce rôle, elle a laissé sa voix s'enrichir d'une violence expressive inouïe, donnant ainsi une preuve de maîtrise technique exemplaire. Son apparition est foudroyante. Sa prodigieuse pulsation rythmique, son sens inné de la projection scénique, ses accents agressifs font de cette Abigaille l'un des plus grands moments du théâtre lyrique de l'après-guerre. Le public est debout et la critique la porte aux nues. « Respectant miraculeusement toutes les intentions du compositeur, utilisant comme il l'a voulu chaque inflexion musicale, elle apporte une série de colorations sonores dont la variété est proprement sidérante. […] Maria Callas doit être rangée aujourd'hui parmi les sopranos dramatiques les plus talentueuses. »

Ce soir-là, tout le monde aura le sentiment d'avoir vécu une soirée historique attachant à jamais la personnalité d'Abigaille à celle de Callas. Un rôle que Maria pourtant ne reprendra plus jamais, si l'on excepte un enregistrement en 1957 où elle choisira d'en interpréter quelques extraits. Prudente, pour la première fois de sa carrière, Maria a compris que c'était un rôle propre à casser une voix fragile et que sa voix l'était.

Quelques jours plus tard, elle grave sur disque, pour la firme Cetra, des extraits de *Tristan*, de *Norma* et des *Puritani*. Sur la pochette, on peut lire : Maria Meneghini-Callas. C'est ainsi qu'elle veut qu'on l'appelle maintenant.

9

CHANTER À LA SCALA

« C'est comme le blé,
on sème et l'on récolte un jour… peut-être. »

L'année 1950 commence pour Maria au rythme effréné qui conduit sa vie et sa carrière depuis deux ans. Elle a vingt-six ans et toujours de sérieux problèmes de poids. Mais sa renommée, qui n'a fait que s'affirmer depuis son arrivée en Italie, lui a permis d'aborder quelques très grands rôles dans lesquels elle a remporté de francs succès. Toutefois, elle n'est pas encore cette diva rêvée par sa mère, dont elle a aussi maintenant le désir. D'autres, qui ont son âge, ne sont-elles pas plus connues et reconnues ? La Tebaldi, par exemple, qui depuis plusieurs saisons, déjà, règne sur le Met et la Scala, ces deux temples incontestés du lyrique. En conséquence, Maria travaille plus que jamais et signe contrat sur contrat pour gagner un plus large public et cumuler les succès qui, pense-t-elle, convaincront les récalcitrants.

En janvier 1950, elle est Norma à la Fenice de Venise. Trois semaines plus tard, Aïda à Brescia puis Isolde et Norma sous la direction de Serafin à Rome. Les rôles, comme les voyages et les chambres d'hôtel, se succèdent sans trêve. Cette même année, elle est encore Norma à Catania, Aïda à Milan et à Naples. En quatre mois, elle a chanté plus de vingt-six fois ! Dès lors, comment expliquer son inquiétude ? En fait, tout s'est joué à la Scala, début avril. Renata Tebaldi qui devait chanter Aïda est souffrante. Celle que l'intransigeant Toscanini surnomme « la voix de l'ange » ne peut assurer ses engagements. Maria, qui connaît le rôle, est sollicitée par la Scala pour la remplacer. Mieux encore, Antonio Ghiringhelli, qui suit de loin sa progression en faisant comme si elle n'avait pas d'intérêt à ses yeux, la demande. Il semble difficile de refuser. « J'ai accepté parce qu'on m'a suppliée et qu'on m'a promis beaucoup de choses, si je sauvais le spectacle. »

Maria chante donc à la Scala pour la première fois de sa vie le 12 avril 1950. Dans la salle, autour du président de la République italienne Luigi Cinaudi, d'une foule de diplomates et de personnalités du spectacle, on ne parle que de cette jeune Grecque dont on dit le plus grand bien. Hélas! Est-ce le trac? La fatigue? Le sentiment de n'être pas la bienvenue? Toujours est-il que Maria ne réussit pas à faire oublier la Tebaldi à ce public composé essentiellement de ses fans. À la fin du spectacle, elle est seule dans sa loge. Personne ne vient la féliciter et, à part *Il tempo di Milano* qui lui rend hommage, la presse se partage entre le silence et l'éreintement. On l'accuse d'improviser des notes, on affirme que son registre manque d'homogénéité, que sa diction n'est pas audible... Milan adule Tebaldi. Milan n'aime pas encore Callas. D'ailleurs, le directeur de la Scala non plus, puisqu'il n'est pas passé la saluer à la fin de la représentation comme le veut la coutume, disant sans vergogne tout le mal qu'il pense d'elle. Un jour, pourtant...

Pour l'heure, Maria doit réagir et surtout retrouver son calme. La tournée au Mexique qui doit commencer au mois de mai tombe à pic. Elle partira seule. Meneghini, que ses affaires retiennent toujours, reste à Vérone. Et, comme d'habitude, ils s'écriront chaque jour.

Sur la route du Mexique, l'avion fait escale à New York. Georges Callas, qui n'a pas vu sa fille depuis trois ans, est là. Il a encore vieilli et sa santé s'est considérablement dégradée, au point qu'il a dû arrêter de travailler. Evangelia, par contre, brille par son absence mais pour une fois elle a une bonne excuse, une petite infection à l'œil l'ayant contrainte à se faire hospitaliser. De son lit de malade, elle trouve sa fille distante, réservée, toujours braquée, pense-t-elle, sur ces histoires d'argent qui avaient donné lieu, plusieurs mois auparavant, à de violentes disputes.

Et les choses ne s'arrangent pas lorsque Evangelia, avec un total manque de tact, lui annonce son intention de divorcer, puis de suivre sa fille et d'aller chez elle en Italie. Maria, qui est restée sur une prudente réserve, écrit le soir-même à Meneghini : «Comment lui dire que je l'aime, mais que l'amour que je porte à mon mari est différent ? En plus, il n'est pas bien qu'elle quitte mon père maintenant. »

Dans un premier temps, Maria trouve un compromis. Evangelia l'accompagnera au Mexique. Après, on avisera !

Le 14 mai 1950, Mexico lui réserve un accueil de star. Le consul général de Grèce est là pour la recevoir. Gerbes de fleurs, photos, baisemain, lunettes noires, applaudissements, limousine… Rien n'est oublié !

Pourquoi alors Maria, lors de sa première *Norma* au palais des Beaux-Arts, sent-elle confusément que le résultat n'est pas à la hauteur de ses ambitions ? qu'elle a chanté en dessous de ses capacités ? Mauvaise préparation ? Fatigue ? Distribution hasardeuse ? Nicola Moscona et Kurt Baum ne sont guère plus brillants. Même la direction du maestro Guido Picco est sans conviction... L'ovation du public n'y change rien. Maria n'est pas dupe et reste très inquiète. Le 30 mai, à la veille de *Aida*, les quelques mots jetés rageusement à Meneghini sur le papier en témoignent : « Loin de s'améliorer, ça va de mal en pis... Je ne sais pas comment finiront ces sacrées répétitions... J'essaye de toutes mes forces d'éviter les crises de nerfs pour moi, et pour mon entourage. » Les crises ont tout de même éclaté avec le ténor Baum qu'elle déteste cordialement. Finalement, *Aida* est un triomphe. Mais Maria, épuisée nerveusement et psychologiquement, déclare forfait le 4 juin pour la première de *Tosca*.

Deux jours plus tard, elle est sur scène et manque de s'évanouir. Ce n'est qu'à la troisième et dernière représentation qu'elle arrivera à retrouver le moral. Pour l'instant, plus que jamais, elle a besoin d'être rassurée. Et puisque Meneghini ne peut la rejoindre, en plein désarroi, elle demande à Evangelia de venir la soutenir. Après tout, n'est-elle pas sa mère ? se dit-elle, sans trop d'illusions...

Le 10 juin, le courage revenu, Maria commence à travailler un nouveau rôle, celui de Léonore, l'héroïne du *Trovatore* de Verdi. Ce drame dont l'action se passe dans l'Espagne du XVe siècle est encore une histoire d'amour où, comme dans *Le Cid*, la vengeance, l'honneur, le devoir, le secret et la passion se mêlent. Maria y est éblouissante.

Est-ce la présence à ses côtés de cette mère envahissante qui justifie cette renaissance ? Peut-être. Les rapports que les deux femmes entretiennent depuis plusieurs années sont, il est vrai, fort complexes. Une succession de rapprochements et d'affrontements témoigne du besoin qu'elles ont l'une de l'autre et de l'impossibilité de le vivre dans la durée, au quotidien.

Il n'empêche qu'Evangelia, le soir de la première du *Trovatore*, rayonne à la fois de satisfaction et d'orgueil : « En écoutant cette fille nouvelle que je découvrais chanteuse, cette artiste que je n'avais jusqu'alors connue qu'en bourgeon, tous les rêves que j'avais faits à propos de Maria, je le compris, s'étaient réalisés. »

En conclusion, ce séjour mexicain, si bien commencé, ne s'avère ni très heureux ni très bénéfique pour la carrière de Maria, mis à part le plaisir du public. L'ambiance entre les chanteurs, la fatigue, le climat, l'omniprésence de sa mère lui laissent le sentiment d'une totale insatisfaction. Et puis, plus profondément, il y a toujours ce désir d'enfant qui l'obsède. Maria veut des enfants, plein d'enfants… mais ne parvient pas à en avoir.

10

LE RÔLE DE SA VIE

Le miracle d'une Traviata ressuscitée !

Comme l'on pouvait s'y attendre, Maria, dans sa nouvelle vie, ne peut supporter sa mère à ses côtés. Evangelia retourne donc seule à New York, et sa fille, en ce début d'été, s'isole à Vérone, refusant tous les engagements qu'on lui propose. Elle a besoin de se retrouver, de retrouver son mari. Le temps est venu de se remettre au piano dont elle joue magnifiquement bien, de s'occuper de son appartement, de vivre sa vie de femme. Quel artiste n'a pas eu, à un moment ou un autre de sa vie, ce rêve ? Mais dès la fin du mois de septembre, elle est à nouveau sur scène pour une unique représentation de *Tosca* à Bologne.

Et ça recommence ! Le 2 octobre, elle est Aïda à Rome, le 7 et le 8 Tosca au théâtre Verdi de Pise, tout en préparant sa grande rentrée, au théâtre Élysée de Rome dans *Il Turco in Italia* de Rossini, un registre plus léger dans lequel on ne l'attend pas.

Depuis sa création en 1814, ce charmant opéra bouffe qui n'avait pas réellement remporté l'adhésion du public n'avait plus été donné. L'idée de le remettre en scène vient à un groupe d'artistes et d'intellectuels parmi lesquels le cinéaste Luchino Visconti. C'est la première rencontre entre Maria et ce passionné d'opéra. Immédiatement, l'entente est parfaite. Pendant plusieurs semaines de répétitions, ils s'amusent, s'admirent, se promettent de recommencer... et le résultat s'en ressent. Esprit et connivence sont de mise. Et le public qui adore est suivi par la critique. Incrédules au départ, les journalistes, habitués à voir et à entendre Maria dans des registres plus sombres, plus dramatiques, reconnaissent son « indiscutable sens comique » et soulignent son talent de comédienne.

Le moment est venu de se risquer à aborder *La Traviata*, l'un des rôles les plus lourds de Verdi. L'histoire, directement inspirée de *La Dame aux camélias* d'Alexandre Dumas fils, met en scène le double drame de l'affrontement des classes sociales au XIXe siècle et de la phtisie, ce mal mortel qui faisait des ravages à cette époque. Violetta est le rôle dont rêvent toutes les soprani mais c'est aussi l'un des plus périlleux. C'est Tullio Serafin qui le lui propose, pour trois représentations, au théâtre communal de Florence. Maria a confiance en lui. Au fur et à mesure des concerts et des répétitions qui les ont rapprochés, une puissante amitié s'est construite entre eux. Maria boit ses paroles lorsqu'il lui déclare : « Ta voix est un instrument que tu dois étudier pendant tes répétitions exactement comme au piano. C'est seulement au moment de la représentation que tu oublieras que tu as étudié, joue de ta voix, prends plaisir, exprime ton âme à travers elle. Allez ! Reprenons. » Pendant plusieurs jours, enfermés dans la villa du maestro, mesure après mesure, ils construisent le personnage de Violetta.

Le grand jour arrive, Maria, qui partage l'affiche avec Francesco Albanese et Enzo Mascherini, pourrait se contenter du succès remporté mais, au plus profond d'elle-même, elle sait qu'elle peut mieux faire et elle le fera… pour atteindre au sublime en 1955, dans la mise en scène de Visconti. Mais en ce 14 janvier 1951, techniquement, tout est déjà là. Maria, avec ce timbre aux mille couleurs qui est le sien, survole la tessiture brillante et agile du premier acte sans ambiguïté, sans compromis, contrôle parfaitement son émission dans le si dangereux « Addio del passato » tout en retenue du deuxième acte, pour exploser dans la grandeur tragique du dernier tableau.

Avec ce rôle, Maria n'est plus simplement une bonne chanteuse. Elle entre dans la cour des grandes cantatrices et plus personne ne pourra nier son admirable talent. Tous ceux qui lui avaient fermé leurs portes, tous ceux qui l'avaient congédiée sur l'humiliant « Merci, on vous rappellera » vont effectivement la rappeler et lui faire les propositions les plus astronomiques pour qu'elle vienne chanter dans leurs théâtres.

Le rideau à peine tombé sur *La Traviata* se relève une semaine plus tard à Naples pour *Il Trovatore*. Puis, malgré ses promesses, début février, Maria est de retour à Palerme, pour deux *Norma*. Suivra, le même mois, une *Aida* au théâtre communal de Reggio en Calabre. Enfin, après un récital à la RAI au mois de mars, elle endosse, deux jours plus tard, une seconde fois le rôle de Violetta au théâtre Massimo de Cagliari pour deux soirées, entourée d'Alfro Poli et Giuseppe Campora, et montre de nouveau sa virtuosité.

1951. L'Italie célèbre le cinquantième anniversaire de la mort de Giuseppe Verdi. Les organisateurs du Mai musical de Florence veulent, à tout prix, rendre hommage à ce compositeur dont le nom est resté attaché à l'unification italienne comme à son indépendance face à l'empire autrichien. Personne n'a oublié les lettres de son nom gravées par les nationalistes sur tous les murs, pour rappeler les initiales de celui qui réalisa cette œuvre et redonna à la péninsule son statut d'État libre : Victor Emmanuel, Roi D'Italie.

Francesco Siciliani, qui fut l'un des tout premiers à voir en Maria la grande interprète qu'elle est devenue, la veut absolument pour le rôle d'Elena dans *I Vespri siciliani*, composé en 1855 et créé la même année à Paris à l'occasion de l'Exposition universelle. C'est la seule partition où Verdi rend hommage au style grand opéra à la Meyerbeer et à la Halévy.

Maria accepte. L'affiche est éblouissante. À ses côtés, la célèbre basse Boris Christoff, engagé à la Scala depuis un an, le baryton Enzo Mascherini et le ténor Giorgio Kokolios-Bardi complètent la distribution, sous la direction du maestro allemand Erich Kleiber. C'est encore un drame patriotique, dans la Palerme du XIIIe siècle, qui, en évoquant le souvenir de l'occupation des Angevins en Sicile, dénonce celle des Autrichiens au XIXe en Italie.

Le rôle de la duchesse Elena est complexe. Son chant allie l'extase donizettienne au chant de force dans l'agilité propre à Verdi, à des cantilènes à la Bellini et, au tout début du cinquième acte, à un boléro bien français dans sa forme écrit pour Sophie Cruvelli (créatrice du rôle). Seule une grande voix du XIXe siècle riche en possibilités expressives, forte en imagination et capable de se plier aux situations les plus complexes, peut triompher de tels écueils.

Qu'importe si les mélomanes érudits regrettent le fait que Maria ait ajouté à la fin du boléro un contre-*fa* jamais écrit par Verdi. Sans doute était-il plus facile de convaincre un public réticent devant une œuvre qu'il ne connaissait pas avec des notes aiguës qu'avec la qualité d'un chant dont les règles lui échappaient complètement. Et puis, on le sait, les spectateurs adorent ces aigus stratosphériques qui sont à l'origine de bien des carrières – ou de leur interruption prématurée, hélas… En ces années 1950, Maria se devait encore d'éblouir par ce genre d'exploits.

Et, de fait, elle éblouit et est ovationnée. Visiblement heureuse de sa prestation, Maria va saluer seule, ce qui met hors de lui Boris Christoff, première victime d'une longue liste de partenaires malmenés. Dans la coulisse, les cris fusent, au ravissement de la presse qui ne manque pas de rapporter, sans nuances : « On ne fut pas loin d'une véritable empoignade... entre le gigantesque Bulgare et la grosse cantatrice gréco-américaine. »

Laquelle « grosse cantatrice » s'est déjà métamorphosée en Euridice, nouveau rôle préparé parallèlement à celui d'Elena, toujours pour le Mai de Florence. Public et critiques sont sidérés par la merveilleuse faculté d'adaptation de la jeune cantatrice qui passe avec autant de facilité de Verdi à Haydn, et relance *Orfeo ed Euridice*, une œuvre magnifique qui n'avait pas été montée depuis un siècle et demi.

Décidément, Florence porte chance à Maria : elle va faire deux rencontres qui prouvent l'évolution de son statut d'artiste.

La première se passe mal. Le nouveau et très puissant directeur du Met, Rudolf Bing, est à Florence, pour avoir cédé aux pressions de son agent en Europe qui ne tarit pas d'éloges sur Maria. Mettant entre parenthèses son opinion sur la cantatrice : « Cet éléphant qui voudrait chanter *Butterfly* ? », il assiste aux *Vespri siciliani* de très mauvaise humeur. Et son verdict ne change pas : il est hors de question de la faire chanter à New York ! Il la trouve d'une « mons-

trueuse grosseur » et d'une « gaucherie ridicule. »
Il conclut par ces mots : « Elle a beaucoup à apprendre avant d'être vedette au Met. »

La seconde rencontre, à défaut d'être fructueuse, sera précieuse pour la carrière de Maria. Le grand Arturo Toscanini, lui, est enchanté de ce qu'il vient d'entendre. Il veut la revoir à Milan, avec son époux. Et Maria est éblouie lorsqu'elle découvre que le célèbre maestro connaît tout de son parcours, les bonnes et les mauvaises soirées, ses performances mais aussi ses erreurs et chaque étape importante de sa vie professionnelle. Admirateur incontestable de la Tebaldi, il est visiblement conquis par Maria. Accepterait-elle de chanter *Macbeth* de Verdi ? C'est la consécration.

Hélas ! Le projet n'aboutira jamais. Mais cette rencontre sera finalement essentielle dans la carrière de Maria, car elle lui ouvrira indirectement, deux ans plus tard, les portes de la Scala…

11

UN VOYAGE TOURMENTÉ

La belle voix c'était Tebaldi.
La voix de Callas n'était pas belle, elle était mieux !

Après cette saison fort riche, Maria se prépare à une nouvelle tournée, de trois mois, au Mexique et au Brésil. Le contrat, âprement discuté par Meneghini, l'engage pour une vingtaine de représentations. L'accompagneront, entre autres, dans ce voyage, Mirto Picchi, Fedora Varbieri, Mario Del Monaco, Boris Christoff, Giuseppe Di Stefano, Renata Tebaldi et pour la première fois… Meneghini !

C'est à Mexico, le 3 juillet, au palais des Beaux-Arts, avec *Aida* que débute la tournée. Le public est ravi… mais Maria ne l'est pas du tout. Elle accuse Mario Del Monaco de tirer la couverture à lui, et ce dernier lui fait exactement les mêmes reproches. Chacun, pour plaire, aurait tenu un peu trop longtemps les aigus. Dans les coulisses, les noms d'oiseaux s'envolent allègrement ! On le sait, Maria a du répondant et ne se laisse pas faire. Au bout de trois représentations, les deux chanteurs ne se parlent plus.

Après un concert enregistré par la radio de Mexico, Maria enchaîne quatre *Traviata*, entre le 17 et le 22 juillet. Une performance qu'elle partage avec Giuseppe Taddei et Paolo Morelli.

Le soir de la première, elle est sans doute plus émue que d'habitude car son père, Georges, qui ne l'avait encore jamais vue sur scène, est là pour l'applaudir. Il est bouleversé.

– Tu es magnifique ! lui dit-il. Je suis fier de toi…

Quelle joie pour Maria de reconquérir ce père qui avait tant douté et qui avait accumulé tant d'échecs personnels. La voir ainsi, adulée par une foule immense dans l'une des œuvres où elle excelle, est probablement, pour lui, une revanche sur sa propre destinée.

Mais c'est au Brésil que les amateurs d'émotion l'attendent. Elle doit y chanter *Norma*, *Tosca* et *Aida*. Le temps d'embrasser son père et déjà elle part pour São Paulo.

Est-ce à cause du voyage, du climat, de ses ennuis de poids (elle a repris tous les kilos qu'elle avait perdus)? Toujours est-il que Maria a de sérieux problèmes aux jambes qui la gênent considérablement pour se déplacer. Malgré ses réticences, elle doit se faire remplacer par Norina Greco.

À peine remise, elle honore son contrat en interprétant Norma le 7 septembre puis, deux jours plus tard, Violetta dans *La Traviata* sous la baguette de Tullio Serafin. Pour la première fois de sa carrière, Maria chante avec Tito Gobbi et Giuseppe Di Stefano. C'est le début d'une longue et solide amitié entre ces trois magnifiques artistes.

Le succès de Maria, où la presse souligne «toutes les nuances de la passion tragique de cette extraordinaire figure de l'art lyrique», n'est pourtant pas du goût de tous. Ou plus exactement de toutes. En effet, Renata Tebaldi, au faîte de sa gloire, avait donné, cinq jours plus tôt, une autre *Traviata* dans la même ville. Le public et la critique n'ont pu s'empêcher de faire des comparaisons. La Tebaldi perpétuait à travers son chant d'une rare beauté l'héritage et les règles d'un style d'entre-deux-guerres auquel Maria s'opposait. Et pour certains (dont elle), la Tebaldi appartenait au passé tandis que Maria se projetait tout entière dans le futur. L'affrontement de ces deux femmes était finalement celui de deux mondes, de deux manières de penser et de vivre la musique. Le vérisme, dont Renata Tebaldi était l'une des plus célèbres représentantes, avait élargi la voix au point de lui retirer parfois souplesse et variété de couleurs. Il avait instauré cette langueur et cette complaisance dans la sonorité comme dans le jeu qui excluaient toute prise de risque. En reprenant avec sa technique l'école du bel canto, Maria était entrée dans une lutte farouche contre cet univers qui, pour certains, avait retiré au chant ses inflexions les plus secrètes. Deux femmes, deux caractères, deux façons de chanter, deux rivales… pour la même place, la première.

La guerre entre les deux cantatrices se déclenche peu après, à Rio. Alors qu'elles sont invitées toutes deux à se produire dans un gala de charité, la Tebaldi chante plus longtemps que prévu et… plus longtemps que Callas.

« Pendant le souper qui suivit, raconte Maria, je m'aperçus que ma distinguée collègue et néanmoins amie n'avait pas le même comportement à mon égard et qu'elle ne pouvait s'empêcher de manifester quelque aigreur chaque fois qu'elle s'adressait à moi. » Vigilant, Meneghini fait du genou sous la table à son épouse qui s'énerve, pour la mettre en garde. Le ton menace sérieusement de monter, puis chacun rentre chez soi.

Mais l'atmosphère reste orageuse et l'avenir menaçant... C'est *Tosca* qui va mettre le feu aux poudres.

Le 24 septembre, Maria chante le chef-d'œuvre de Bellini au théâtre municipal de Rio avec Gianni Poggi et Paolo Silveri. Malencontreusement, aussi bien sur le plan vocal que sur le plan scénique, elle ne s'y montre pas sous son meilleur jour. Certains la trouvent même carrément mauvaise. N'a-t-on pas perçu, pendant l'invocation à la déesse, quelques sifflets mêlés aux applaudissements ? Pire, n'a-t-elle pas très clairement entendu le nom d'Elisabetta Barbato, adorée des Brésiliens ?

Maria, quelque peu déstabilisée, se reprend très vite. Ce n'est qu'un coup de fatigue. Elle fera mieux dans *Tosca* le lendemain.

Elle n'en aura pas le temps. Le 25 septembre, elle apprend qu'elle est « protestée », c'est-à-dire qu'elle est remplacée. Affront supplémentaire, c'est la Tebaldi qui lui succède. Est-ce un coup monté ? Peut-être. Sinon, comment expliquer que cette dernière, qui ne devait pas chanter ce rôle lors de la tournée, ait fait exécuter des répliques exactes des costumes de Maria ? Des séances d'essayage ayant même lieu, alors que personne encore ne pouvait prévoir ce qui allait se passer lors de la première de *Norma*.

Furieuse, Maria, avec son mari, arrive dans le bureau du directeur de la tournée, Barreto Pinto, et lui demande de s'expliquer. Pinto lui confirme sa décision et, pour se justifier, lui dit clairement qu'elle fut la veille, sur scène, en dessous de tout.

« Je restai un instant sans pouvoir parler, mais je réalisai bientôt ce qu'il venait de me dire… » Maria lui annonce alors qu'elle doit chanter encore deux *Traviata* et qu'elle les chantera. Pinto accepte mais la prévient : « Vous chanterez devant une salle vide ! »

Erreur ! Non seulement le public est venu en nombre mais il lui fait un triomphe qui balaye les déconvenues de *Norma*, à défaut de lui faire oublier « l'arrogance » de la Tebaldi.

Son contrat rempli, Maria retourne chez Pinto qui refuse de lui régler ses cachets. Avec la plus grande des mauvaises fois, il lui déclare qu'elle ne les mérite pas car elle a été… trop mauvaise. « Je réagis avec fureur… Je devins livide, cherchai sur son bureau un objet quelconque pour le lui jeter à la figure ! »

Est-ce un cendrier de bronze ou une bouteille de cognac qui a failli assommer le directeur ? Maria a-t-elle vraiment attaqué ce « traître » ou bien l'a-t-on retenue ? Les versions sont nombreuses et variées ! Mais ce qui est certain, c'est que sa colère a traversé les murs, diffusant dans les couloirs du théâtre comme dans la rue les épithètes dont elle a gratifié cet « escroc ».

Bien décidée à quitter le Brésil, elle est en train de préparer ses bagages lorsqu'un coursier paraît avec une enveloppe dans laquelle elle trouve la somme due pour ses prestations et deux billets d'avion pour l'Italie. Le moins que l'on puisse dire, c'est que la tournée sud-américaine de Maria n'a pas été des plus paisibles. Maladie, rivalité, tentative d'escroquerie, colère… Il y a eu de très beaux succès, notamment dans *La Traviata*, mais il y a eu aussi l'échec de *Norma*. Et, pour couronner le tout, cette humiliation devant la Tebaldi. Décidément, la première place s'avère difficile à conquérir, et le chemin pour l'atteindre parsemé d'obstacles. C'est à son retour dans sa patrie d'adoption que Maria en aura la preuve la plus éblouissante…

12

LA SCALA, ENFIN !

« Un miracle vocal ! »

À l'automne 1951, Maria a vingt-huit ans et sa notoriété, dans le monde lyrique, n'est plus à prouver. Alors que les Américains font la guerre en Corée et que les Français s'enlisent en Indochine, le couple Meneghini, toujours uni, travaille. Battista discute les contrats et Maria chante. Elle chante à Bergame deux *Traviata* à la fin du mois d'octobre (où elle remplace la Tebaldi !), quatre *Norma* le mois suivant, au théâtre Bellini de Catania, en alternance avec quatre *Puritani*. Un exploit vocal que Maria exécute avec une facilité déconcertante. Mais où trouve-t-elle cette énergie ? Peut-être dans l'espoir de cette récompense qu'elle a si longtemps attendue et qui couronnerait tous ses efforts : la Scala la demande enfin et plus seulement pour y jouer les doublures.

Le projet s'esquisse au mois de juin, à Florence, après les représentations des *Vespri siciliani*. Maria y a tellement excellé que la Scala ne peut plus l'ignorer. La rencontre entre la cantatrice et Antonio Ghiringhelli a lieu le 2 juin. Ce dernier envisage de monter l'œuvre à Florence à la fin de l'année et propose à Maria de tenir le même rôle, pour sept représentations. C'est l'excellent maestro Victor de Sabata qui les conduira. Maria accepte à la condition qu'elle y chante aussi une *Traviata*. Ghiringhelli demande à y réfléchir et, quelques mois plus tard, semble d'accord.

À la Scala, les plus grands compositeurs ont joué, les plus grands chefs d'orchestre ont dirigé, les plus prestigieux artistes ont chanté et le public s'est révélé le plus exigeant... mais aussi le plus capricieux du monde. La Scala, c'est aussi trois mille deux cents places, une fosse d'orchestre qui peut recevoir cent musiciens, une scène de vingt-sept mètres de large, trente-cinq mètres de profondeur, vingt-huit mètres de haut, et toutes les représentations à bureau fermé.

La première est programmée pour le 7 décembre. La date est un peu particulière à Milan. C'est en effet la fête du saint patron de la ville, l'évêque saint Ambroise, et la veille de l'Immaculée-Conception, autre fête nationale dans cette

Italie républicaine mais toujours profondément catholique. D'emblée, Maria impose sa conception du chant et de la scène. Le succès est total ; la presse unanime. Dans le *Corriere della Sera*, le critique affirme que Maria est un miracle vocal : « Elle n'a pas tremblé, sa gorge miraculeuse est d'une beauté phosphorescente et d'une souplesse, d'une mécanique plus unique que rare. »

Maria a gagné. En un soir, elle a remporté ses galons de diva. Elle est devenue la seconde reine de la Scala. Car Renata Tebaldi est toujours là. Maria ne l'ignore pas. Si elle a exigé une *Traviata*, c'est aussi pour cela : elle se sait inégalable dans ce rôle. C'est son atout, la possibilité de terrasser sa rivale. Elle sait parfaitement que Renata Tebaldi s'y est essayée et qu'elle n'a pas vraiment convaincu. Mais le directeur de la Scala le sait aussi et doit protéger sa prima donna. Il commence par dire oui à Maria, devient flou et, finalement, refuse. Ce qui permet à Maria de se lancer dans l'une de ses mémorables colères. Son mari dira : « Si j'avais laissé faire, adieu Ghiringhelli ! »

Maria ne sera donc pas Violetta à la Scala. Il lui faudra différer de quatre longues années la réalisation de son vœu. Entre-temps, elle le sera dix-sept fois ailleurs. Mais l'important, pour le moment, se sont *I Vespri siciliani* et les propositions que Ghiringhelli fait aux Meneghini. Neuf *Norma* entre janvier et avril 1952 et un nouveau rôle pour la cantatrice, celui de Constance dans *L'Enlèvement au sérail* de Mozart pour quatre représentations, à la fin du mois d'avril.

Dans *Norma*, un rôle qu'elle maîtrise maintenant parfaitement, Maria fait voler en éclats les dernières réserves d'une partie du public milanais et la critique s'extasie, allant jusqu'à écrire «on n'a jamais vu pareille performance depuis le début du siècle!» Mais Callas n'a pas le temps de profiter de ce bonheur. Tout en chantant à Parme, Florence et Catania, elle répète déjà le rôle de Constance où on l'attend à présent.

L'Enlèvement au sérail, créé en 1782 à Vienne, n'a jamais été donné à Milan. Le livret, tiré de l'œuvre de Christoph Bretzner, n'est hélas pas proposé en ce printemps 1952 dans sa version originale, mais en italien.

Dans d'admirables décors signés Leonor Fini, Tatiana Menotti, Giacinto Prandelli et Salvadore Baccaloni complètent cette distribution mise en scène par Jonel Perlea. Maria est exemplaire. Elle est toujours la première arrivée, assiste à toutes les répétitions, même à celles qui ne la concernent pas directement, afin de mieux s'imprégner du spectacle. Et là où les chanteurs ont l'habitude de marquer leur rôle pour économiser leurs précieuses cordes vocales, Maria, qui ne veut consentir à aucun compromis, donne systématiquement toute la voix.

C'est probablement ce sens du spectacle, ce respect du travail, cette volonté de collaborer étroitement avec le metteur en scène et le chef d'orchestre qui vont faire de Callas la première chanteuse moderne du théâtre lyrique.

Inquiète mais radieuse, Maria, le 2 avril 1952, se révèle, à la surprise de beaucoup, une soprano mozartienne. Une Constance sublime que pourtant elle ne rechantera plus jamais. Plus tard, elle avouera qu'elle ne s'est jamais sentie très proche des héroïnes de Mozart, et certains critiques, Sergio Segalini en tête, le regretteront.

Et puis, comment résister aux enchantements du bel canto, ce beau chant dont elle possède parfaitement la technique? Maria a déjà la tête ailleurs, d'autres projets l'accaparent, comme *Armida* qu'elle doit chanter au théâtre communal de Florence sous la direction de son cher Tullio Serafin.

C'est lui qui a exhumé ce drame amoureux qui se passe à l'époque des croisades, rien que pour prouver qu'il existe encore une voix au monde capable de rendre hommage à cette œuvre.

Bellini l'avait composée en 1817 pour Isabella Colbran, une virtuose d'exception. Après sa création au San Carlo de Naples, *Armida* avait disparu des affiches, victime de ses difficultés et de l'impossibilité de trouver la voix capable d'en assurer les vocalises vertigineuses et les écarts redoutables. Maria va relever le défi.

Le 26 avril, lors de la première, en compagnie de Francesco Albanese, Mario Filippeschi et Alessandro Ziliani, elle sidère l'assistance par la perfection de ses vocalises étourdissantes lancées avec une folle assurance… « Au XXe, la vocalise était devenue une ornementation quasi instrumentale, de pure bravoure technique frôlant la complaisance. Callas va lui redonner un sens, une position et un ton insoupçonné qui restituent à des musiques considérées jusque-là comme de simples divertissements toute leur ampleur, leur signification et leur contenu », écrit Sergio Segalini.

À la fin du spectacle, le public délire, hurlant son bonheur et sa ferveur pour Maria qui, après deux autres représentations, là encore, ne reprendra plus jamais ce rôle. L'exploit vocal est d'importance, d'autant qu'elle commence les répétitions des *Puritani* alors qu'elle n'a pas encore achevé les représentations d'*Armida*…

Tandis que Maria s'affirme de jour en jour comme l'une des chanteuses les plus talentueuses de sa génération, elle s'écarte de plus en plus de sa famille. Evangelia, qui a finalement divorcé de Georges, est allée vivre avec Jackie en Grèce. Celle-ci n'a jamais cessé de travailler la musique et espère maintenant faire une carrière artistique. Mais les deux femmes manquent d'argent et font souvent appel à Maria qui envoie régulièrement des mandats. Toutefois, le jour où Evangelia décide que Jackie ira vivre auprès de sa sœur, maintenant bien placée pour l'aider à gravir les échelons qui mènent au succès, Maria ne mâche pas ses mots.

On a dit qu'elle avait souffert de la préférence de sa mère pour Jackie. Peut-être faut-il aussi se souvenir de cette petite fille brune aux yeux immenses qui vient de naître et que sa mère a du mal à regarder, tellement elle est déçue? À quelle violence répond Maria quand elle écrit cette fameuse lettre à sa mère – si d'ailleurs elle l'a écrite en ces termes puisque c'est Evangelia qui nous la transmet après l'avoir recopiée «textuellement», affirme-t-elle dans son livre de souvenirs? Maria y aurait donc déclaré qu'elle ne s'occuperait pas de sa sœur, qu'elle ne «désirait plus entendre parler d'elle». Et elle aurait conclu ainsi : « Il fait beau maintenant. Puisque l'été arrive, va donc prendre l'air à la plage. Si, comme tu le dis, tu n'as toujours pas d'argent, tu ferais mieux de sauter dans l'Avon et de t'y noyer. » Après cette lettre, c'est la rupture (presque) définitive entre elles deux.

À supposer que Maria ait pu tenir de tels propos, c'est probablement parce qu'elle se sait maintenant protégée par son époux qui, lui, la met toujours en avant, et puis aussi parce que sa réussite lui offre désormais la possibilité de s'épanouir loin des contraintes hiérarchiques imposées par sa mère. Enfin elle se sent libre, enfin elle se sent adulte. Et la lettre à peine envoyée, elle repart pour une nouvelle saison encore plus triomphale au Mexique.

13

CALLAS-TEBALDI :
LA GUERRE FROIDE

*« Il n'y a pas de place pour deux coqs
dans la même basse-cour. »*

Au palais des Beaux-Arts, Maria doit chanter successivement Elvira dans les *Puritani*, Violetta dans *La Traviata*, Floria dans *Tosca*, mais aussi deux nouveautés, le rôle-titre de *Lucia di Lammermoor*, de Gaetano Donizetti, et Gilda dans *Rigoletto* de Verdi.

Tirée du roman de Walter Scott, *Lucia di Lammermoor* est une histoire d'amour sur fond de luttes seigneuriales, à la fin du XVIᵉ siècle. Edgardo aime Lucia que son frère oblige à épouser Arturo… Devenue folle, Lucia poignarde son mari dans la chambre nuptiale et, couverte de sang, se mêle aux invités. C'est la plus célèbre scène de folie de toute l'histoire de l'opéra. C'est aussi la plus difficile, la voix devant rivaliser de virtuosité et de musicalité avec la flûte solo. Maria a retrouvé Di Stefano avec une joie réelle et, ensemble, ils font de l'œuvre de Donizetti un véritable triomphe. Les Mexicains sont tout simplement subjugués par le talent des deux chanteurs.

C'est en alternance avec Lucia que Maria, toujours en compagnie de Di Stefano, est Gilda. Verdi avait composé *Rigoletto* en 1851, en s'inspirant du *Roi s'amuse* de Victor Hugo. Dans les deux cas, Maria touche à un répertoire qui appartient tout entier aux soprani légers. À Mexico, elle va redonner à ces deux femmes toute leur nature originale : rattachant la première aux autres héroïnes du bel canto, comme l'Elvira des *Puritani*, elle restitue à la seconde sa dimension de soprano lyrique.

Si Maria portera Lucia pendant quatre ans régulièrement sur les plus grandes scènes du monde, consciente de l'inscrire dans un univers particulier, Gilda restera «le souvenir» de ce troisième voyage mexicain.

Et quel souvenir ! Après les vertiges d'Armida et de Constance, la tessiture lui semble presque aisée, au point de s'inventer une nouvelle voix dont la beauté subjugue et dont les accents suicidaires surprennent. Sa Gilda rejoint ici, idéalement, Violetta, victime comme elle d'un coupable amour de la chair, comme elle meurtrie par la présence et la toute-puissante autorité d'un père qui l'empêche de vivre. Le séjour mexicain a donc été totalement positif.

Portée par ce succès, Maria, à peine de retour en Italie, reprend, infatigable, les séries de concerts et, quinze jours après son arrivée, elle est déjà Gioconda.

Comme tout a changé depuis le temps où elle débarquait seule et inconnue dans cette petite cité du nord de l'Italie ! En cinq ans, elle a rencontré un homme qui l'aime et qu'elle aime aussi ; elle a lié des amitiés solides, conquis un immense public et, surtout, montré que l'on n'avait pas fini de découvrir l'extrême richesse de sa voix ; d'ailleurs, c'est sur cette voix que l'on disserte à la fin de *Gioconda*.

Ceux qui avaient assisté à ses débuts en 1947 sont bien obligés de convenir qu'elle a totalement perdu cet aspect sauvage et presque primitif qui les perturbait tant. Mais ceux qui jugent la voix au poids soulignent une perte de moyens, à peine sensible, certes, mais indéniable. C'est dans ces années que vont apparaître de curieuses digressions sur cette voix qui ne cesse d'évoluer et de perdre en volume et en insolence ce qu'elle gagne en souplesse, en agilité et en vivacité.

C'est vrai, Maria sur scène ne sera plus jamais Turandot ou Isolde. Bientôt même, elle abandonnera tous les rôles wagnériens. Qu'importe, si c'est pour nous offrir une sublime Lucia ou une inoubliable Violetta, dont le monde lyrique manque alors tellement...

Étrangement, malgré les succès remportés en Italie et en Amérique du Sud, malgré trois 78 tours proposant d'admirables extraits de *Norma*, de *Tristan* et des *Puritani*, malgré plusieurs concerts radiodiffusés, la voix de Maria n'est reconnue que d'un petit nombre d'initiés.

Meneghini et son épouse en sont parfaitement conscients. Maria doit donc se produire dans d'autres pays pour y étendre sa popularité comme pour y faire connaître tout son art. L'occasion se présente bientôt lors d'un engagement pour cinq représentations de *Norma* entre le 8 et le 20 novembre 1952, à Londres, à Covent Garden.

Un véritable événement ! L'œuvre n'a pas été montée dans le Royaume-Uni depuis Rosa Ponselle. C'est Vittorio Gui qui dirige Maria. Autour d'elle, on retrouve des artistes prestigieux comme Giacomo Vaghi et une jeune débutante, à la technique stupéfiante, Joan Sutherland.

Pour Maria, ce choix n'est pas innocent. Elle possède totalement ce rôle et sait qu'elle y sera parfaite. La conquête du public londonien n'en sera que plus aisée. Et Maria a vu juste. C'est un coup de foudre. Elle ne l'oubliera jamais et régulièrement elle reviendra dans cette ville au bord de la Tamise pour y goûter les saveurs du succès et de l'amour inconditionnel des mélomanes.

Après Londres, Maria et Titta, qui a définitivement abandonné ses affaires pour s'occuper entièrement de celles de son épouse, arrivent à Milan pour l'ouverture de la saison lyrique de la Scala. Maria doit y chanter un nouveau rôle, celui de lady Macbeth dans le *Macbeth* de Verdi, un mélodrame en quatre actes joué pour la première fois à Florence en 1847. Le projet imaginé par Toscanini allait finalement se réaliser mais sous une autre baguette, celle du maestro Victor de Sabata. Dans une mise en scène de Carl Ebert, Maria partage l'affiche avec Enzo Mascherini et Gino Penno, des interprètes de renom.

La situation de *Macbeth* dans le répertoire était pour ainsi dire la même que celle des *Vespri sici-*

liani. Tout ce qui concernait le Verdi moins connu était alors taxé de facilité, voire de vulgarité.

Durant cinq représentations, qui débutent le 5 décembre 1952, Maria va faire vivre cette héroïne tragique avec une insolence étonnante. Verdi avait couronné l'ouvrage par une scène de somnambulisme qui introduit un texte sur la musique, une sorte de musique parlée. Pour cela, il avait souhaité une voix toute particulière, à la limite de l'inesthétique… sourde et anguleuse, dure, déroutante et fière. Maria Callas va créer cette voix et faire redécouvrir avec Sabata cette œuvre du génial compositeur. Le soir de la première, dans un théâtre décoré de milliers d'œillets rouges, la violence, la terreur exprimées par Verdi se matérialisent avec une évidence quasi irréelle. Callas dans le rôle de cette reine si noire, si cruelle, si haineuse déclenche un véritable raz de marée d'applaudissements. Le *Corriere lombardo* affirme qu'aucune œuvre peut-être ne semble mieux adaptée au personnage et à la voix de la cantatrice. Le *Corriere della Sera* souligne qu'elle aurait totalement satisfait Verdi : « Elle a prodigué une voix avec pureté et maîtrisé ses élans dans les passages de fièvre, exactement comme le désirait l'auteur. » Là encore, et malgré ce triomphe, Maria ne rechantera plus jamais cette œuvre. Moment unique pour un théâtre unique. Cette démarche artistique – commencée, on s'en souvient, à Mexico – se renouvellera de plus en plus et notamment pour le théâtre lombard auquel elle réservera ce type d'exclusivité.

Mais à la Scala, nombreux sont encore ceux qui demeurent inconditionnels de la Tebaldi, tel le critique de l'*Unità* : « Il y a eu des moments heureux comme d'habitude avec Maria Callas, mais celle-ci n'a pas su trouver cette expression de majesté sans laquelle lady Macbeth ne peut exister. »

La « guerre froide » aurait-elle dépassé les frontières entre les États-Unis et l'Union soviétique ? C'est incontestable, du moins dans les couloirs de la Scala entre les deux cantatrices. Pour calmer les esprits, Antonio Ghiringhelli, qui ne sait plus où donner de la tête, va trouver un compromis : Maria chantera la première demi-saison et la Tebaldi, la seconde. Une initiative qui, comme l'on s'en doute, est loin de calmer les esprits. Le public, divisé en deux camps farouches, compte les points à coups d'applaudissements, mais aussi de silences ou de sifflets. Car il y a bien une claque officielle à la Scala… mais une claque dont le chef, qui déborde d'initiatives, vend parfois ses services aux deux camps à la fois ! Les affaires sont les affaires.

Ainsi, le soir de la première de *Macbeth*, quelques embusqués munis de sifflets tentent, lors de la fameuse scène de somnambulisme, de perturber, donc de détruire la réputation de la cantatrice. Une situation insupportable que Maria devra affronter lors des six représentations de *La Gioconda* qui vont suivre. Désormais, et pour relativement très peu de temps encore, Maria Callas bénéfice d'une structure mentale indestructible qui lui permet de poursuivre, comme si de rien n'était, ce marathon qui fait maintenant partie de sa vie.

Après la Scala, la voici à Venise puis à Rome pour *La Traviata*. Huit jours plus tard, elle est Lucia di Lammermoor au côté de Di Stefano. Au-delà de la fatigue, et malgré les rôles difficiles, les chahuts des partisans de Tebaldi qui la harcèlent jusqu'à Florence, Maria, impassible, ne cesse de s'affirmer. Rien ne semble pouvoir entraver son dévorant désir de chanter, de réussir et de devenir la plus grande ! Et puis, il y a ceux qui la soutiennent, de plus en plus nombreux.

Alors Maria continue. Elle enregistre *Lucia di Lammermoor* et *I Puritani*, chante *Il Trovatore* à la

Scala, *Norma* à Rome, *Lucia di Lammermoor* encore à Catania. Enfin, pour le Mai de Florence, qui lui a régulièrement proposé tant de rôles extraordinaires, elle incarne Medea de Cherubini sous la direction de Gui. Cette sombre tragédie grecque qui avait été particulièrement populaire en Allemagne au XIXe siècle. C'est aussi l'un des cinq plus grands rôles de l'opéra italien, avec Tosca, Norma, Violetta et Lucia di Lammermoor. Cinq rôles à jamais marqués par la voix, l'expression dramatique de Callas ; cinq femmes folles d'amour, cinq femmes mortes d'amour. Medea aime Jason, mais elle est victime de sa trahison. Quoi qu'on en dise, Medea reste un rôle impossible, celui qui met en scène une mère partagée entre l'amour et la haine qu'elle porte au père de ses enfants qu'elle va égorger. Le spectacle se déroule en partie sur un gigantesque escalier. Sur les marches, Medea chante étendue, la tête en bas, ses longs cheveux rouges rayonnants comme une auréole de feu, son énorme cape écarlate déployée autour d'elle.

La rencontre entre Callas et Medea est fulgurante. La cantatrice incarne pour la première fois une héroïne qui appartient à sa culture d'origine. Et Maria est Medea avec une adhésion et une évidence totales. Est-ce la situation de cette exilée qui cherche à se faire accepter par une autre civilisation ? Est-ce la lutte dévorante et meurtrière d'une femme qui veut imposer son identité ? Probablement. Callas s'est reconnue dans cette magicienne éprise de justice. Callas se lance dans ce rôle et se confond avec ce personnage plein de fureur, de rage et de violence désespérée. Elle en soutient les écarts comme par défi, lance ses aigus comme des victoires successives et se laisse emporter par les flammes, dévorée par une cause perdue. Le succès vaut celui d'*Armida*. La presse est dithyrambique. *La Gazzettina* écrit : « À peine croyable... Maria Callas a surmonté une épreuve qu'aujourd'hui aucune autre chanteuse ne serait capable de surmonter. » *La Patria* : « Sa voix s'est très bien adaptée à la merveilleuse expressivité de Cherubini. » *La Stampa* : « On oublie sa voix même pour porter son attention sur un plan théâtral supérieur. Cette Grecque est née pour incarner une tragédie grecque et particulièrement celle-là, avec laquelle elle se confond. »

La houle des acclamations ne s'est pas complètement apaisée que déjà, après un petit détour par Rome pour une autre *Lucia*, Maria et son mari s'envolent pour un deuxième séjour à Londres.

Pour la seconde fois de sa vie à Covent Garden, Maria sera Aïda, Leonora du *Trovatore* et Norma. Là où le public est toujours sous le charme, la critique est plus réservée qu'à la saison dernière et, globalement, regrette qu'elle ait préféré privilégier la puissance dramatique à la pure beauté vocale. Des « nuances » qui n'entachent en rien la popularité de Maria au Royaume-Uni où elle est de plus en plus sollicitée. La presse ne se borne plus seulement à faire état de son travail, elle réclame des interviews et Maria se prête au jeu. Pour la première fois, elle accepte de se retourner sur son passé, de juger certaines de ses prestations et ne répugne pas à avouer qu'elle a « chanté dans des mises en scène usées jusqu'à la corde et dans des décors d'une médiocrité affligeante ! ».

Maria, étant devenue la Callas, doit être présentée à la toute jeune reine Élisabeth II. Celle-ci, en effet, vient de succéder à son père Georges VI, mort en février 1952. C'est lord Harewood qui fait les présentations. Élisabeth, qui a aimablement bavardé avec tous les autres artistes présents, reste muette devant Maria et se contente de la fixer. Ce silence va préoccuper la chanteuse ainsi que le lord anglais, lequel, beaucoup plus tard dans la soirée, confiera sous le sceau du secret à Maria les raisons de cette attitude. « Je ne savais tout simplement pas quoi lui dire », aurait avoué Sa Majesté !

Début juillet, de retour en Italie, Maria s'apprête à affronter encore un programme fort chargé jusqu'au mois de décembre. Le temps d'essayer de se reposer en dix petits jours de vacances avec Meneghini et elle est à nouveau Aïda l'Égyptienne aux arènes de Vérone.

Pour ses adieux à un rôle qu'elle a chanté plus de trente fois, en Italie, en Argentine, au Mexique et au Royaume-Uni, Maria est magnifiquement entourée par Di Stefano et Del Monaco dans une mise en scène de Margherita Wallmann, l'une des trop rares femmes metteurs en scène. Leur rencontre va donner lieu à un véritable coup de foudre. Plus tard, Wallmann dirigera Maria dans *Medea*, *Alceste* et *Norma*. Elles deviendront amies et Margherita croira, dur comme fer, avoir percé l'un des mystères de la chanteuse, « laquelle, ne pouvant suivre la baguette du maestro, s'abandonne totalement à la musique et à son jeu scénique ». Propos qui lui sont tout personnels.

Les représentations d'*Aïda* ne sont pas encore terminées que Maria est déjà en studio début août pour enregistrer en deux jours *Cavalleria rusticana*, une œuvre qu'elle n'a chantée qu'en Grèce et qu'elle ne chantera plus jamais. Mais reprendre ce rôle sous la direction de son cher Serafin au côté de son partenaire préféré, Di Stefano, est presque une partie de plaisir. Son contrat avec la maison de disques EMI l'engage aussi pour une *Tosca* qu'elle enregistre le même mois entre le 10 et le 21, sous la direction de Sabata.

La puissance de l'industrie du disque n'a alors rien à voir avec ce qu'elle est devenue aujourd'hui, mais ces enregistrements permettent tout de même à Maria de toucher un bien plus large public, et notamment celui qui ne fréquente pas les salles d'opéra. Ce qui explique, à l'automne de la même année, le succès dont bénéficient ces 78 tours que l'on s'arrache dans le monde entier. Grâce à eux, on va découvrir cette voix qui enthousiasme ou dérange mais que désormais l'on identifie immédiatement. L'enregistrement de *Tosca* fut longtemps considéré par la critique comme l'un des plus parfaits qui soient. Aujourd'hui encore, cette intégrale demeure un document irremplaçable qui visualise le drame comme peu de disques y parviennent.

Puis, après un *Trovatore* peu glorieux à Vérone et une nouvelle *Norma* à Trieste, Maria prépare déjà la saison nouvelle de la Scala avec la reprise de *Medea*.

Toutefois, les rivalités avec la Tebaldi continuent. Si Callas a vécu une nouvelle année exceptionnelle, la Tebaldi a elle aussi remporté de nombreux succès, notamment dans *Mefistofele*, *Falstaff* ou bien encore dans la *Jeanne d'Arc* de Verdi. Forte de cet acquis, Renata Tebaldi exige de faire, cette fois, la première partie de la saison de la Scala, soutenue dans sa demande par Arturo Toscanini qui souhaite monter avec elle une nouvelle version de *La Wally* de Catalani dont on s'apprête à célébrer en cette année 1954 le centenaire. Maria accepte et chantera donc *Mitridate* de Scarlatti et *Rigoletto* de Verdi. Un programme qu'Antonio Ghiringhelli, après mûre réflexion, trouve peu attirant. C'est ainsi que, un mois avant le début de la saison, il part voir Maria qui prépare *Norma* à Trieste et lui demande de venir chanter *Medea* cinq fois, entre le 10 décembre et le 6 janvier 1955. Maria est d'accord.

Commence alors la recherche d'un chef d'orchestre. Gui connaît l'œuvre mais il n'est pas libre. Sabata et Serafin refusent pour les mêmes raisons. Et Leonard Bernstein ? lance Maria.

Leonard Bernstein, un jeune Américain totalement inconnu en Italie. Ghiringhelli est récalcitrant. Maria insiste. « C'est le chef idéal pour *Medea*. » Sollicité, Bernstein, qui n'a jusque-là dirigé qu'un seul opéra, décline la proposition. Il ne connaît pas l'œuvre et il a peur de Maria, de son caractère, de son exigence, et se sent incapable d'affronter un tel défi. Finalement Maria décroche son téléphone et le convainc. La mise en scène est confiée à Margherita Wallmann qui commence les répétitions avec Giuseppe Modesti et Fedora Barbieri, les partenaires de Maria dont elle dira plus tard « Admettant que tout personnage hors du commun a le droit de montrer un caractère hors du commun, ainsi, j'affirme qu'une artiste aussi acharnée au travail, aussi scrupuleuse dans l'interprétation musicale et dramatique et douée par sa seule présence d'un tel pouvoir d'élever le niveau d'un spectacle tout entier, représente l'idéal… Le timbre cuivré de sa voix, ajoute-t-elle, me parut correspondre non seulement à la souffrance sauvage de la magicienne scythe, mais aussi à notre sensibilité moderne ! »

Quant au jeune Bernstein, comme Maria l'avait pressenti, il se révèle être le chef idéal pour *Medea*. Au premier regard, l'entente entre les deux artistes est totale. Enthousiaste, Bernstein déclare : « Elle est une centrale électrique à elle toute seule. » Et cette amitié sera à l'origine de nombreuses futures collaborations.

Le soir de la première, le 10 décembre, Maria est aux anges. Le public, subjugué, l'ovationne debout pendant dix minutes ! Un enthousiasme auquel la critique adhère totalement.

Pour Sergio Segalini, c'est « la victoire du théâtre contemporain sur les idées du passé. Un théâtre sans compromis, sans ambiguïté, ni détour, un théâtre dévorant ». Le *Corriere della Sera* écrit que Maria « a donné à Medea la magicienne une musicalité farouche, cruellement intense dans le registre grave, terriblement incisive dans l'aigu. Elle a eu, poursuit le journaliste, des accents déchirants en Medea amante et fut terriblement émouvante en Medea mère. Elle a fait dépasser le rôle vocal pour atteindre le personnage statuaire qu'elle a évoqué avec toute l'ardeur exigée par Cherubini. » Quant à l'hebdomadaire *Oggi*, il ne trouve pas d'autres manières de la saluer que de la comparer à la grande Malibran !

Renata Tebaldi, qui a ouvert la saison avec succès, est balayée par un tel triomphe, et la rivalité des deux chanteuses (soigneusement entretenue, dit-on, par la direction de la Scala) devient de plus en plus tendue, de plus en plus vindicative. Lorsque Maria assiste à la première de

La Wally et applaudit dans la salle avec le public, c'est très mal ressenti par le clan adverse... « Je suis profondément triste quand j'entends dire que je venais pour l'intimider, dira-t-elle. C'est une accusation ridicule... Je cherche constamment à m'améliorer. Je me tourmente toujours beaucoup dans ce but, et je ne cesserai jamais de m'intéresser au travail des autres. »

Mais la Tebaldi insiste : « C'est pour me terroriser ! »

Est-ce pour lui rendre la pareille qu'elle vient elle aussi assister à la première de *Medea* ? Les dieux étant parfois sans pitié, Maria, ce soir-là, est incomparable et Renata trop fine musicienne pour ne pas l'admettre. Plus tard, beaucoup plus tard, elle déclarera à l'occasion du seul portrait que la télévision française lui consacrera dans l'émission « Musiques au cœur » : « Il n'y a pas de place pour deux coqs dans une même basse-cour. » Renata Tebaldi quittera l'Italie pour se réfugier aux États-Unis, délaissant la Scala pour le Metropolitan Opera de New York.

14

LA STUPÉFIANTE MÉTAMORPHOSE

« Regarde-moi maintenant ! »

À peine douze jours après le sacre de *Medea*, Maria, toujours à la Scala, revêt la robe sanglante de Lucia di Lammermoor sous la direction d'Herbert von Karajan. Et sous une nouvelle pluie d'œillets rouges, elle triomphe ! Elle s'est là encore inventé une couleur vocale pour cette Lucia qu'elle maîtrise parfaitement. Un timbre diaphane de femme atteinte psychologiquement, recréé par une voix qui paraît l'écho d'une voix. Des pianissimi qui, comme le dira Rodolfo Celletti, « semblent venir du plafond du théâtre, arrachés à la souffrance, torturés dans leur couleur, comme étranglés par l'émotion, lumineux plus que véritablement colorés. Une Lucia de chair et de sang, d'amour et de haine, de frustration et d'exaltation comme la Scala n'en a jamais eu dans son histoire. »

L'histoire de l'opéra, c'est l'histoire d'un monde d'amour et de passions trahies, de démences, de meurtres, de jeunes victimes... Lady Macbeth qui tente vainement dans ses crises de somnambulisme de laver le sang qu'elle croit voir ruisseler sur ses mains. Elvira des *Puritani* délirante, Aïda emmurée vivante, Traviata agonisant dans les bras de son amant, Gioconda qui se suicide, Norma qui monte sur le bûcher, Tosca qui se jette dans le vide. Medea couverte du sang de ses enfants, déjà cernée par les flammes, la Nedda de *I Pagliacci* poignardée comme Leonora de *La Forza del destino*, Madeleine d'*Andrea Chénier* et Anna Bolena décapitées, Butterfly qui se suicide, Gilda que l'on assassine, Mimi qui meurt de la tuberculose et Carmen poignardée... La liste est plus longue encore.

Et toutes sont victimes de l'amour... Toutes, Maria les a chantées, incarnées, à la perfection. Les ressuscitant, s'identifiant à elles, réfléchissant profondément à leurs souffrances, à leurs destins et s'y abandonnant jusqu'à la limite de ses forces. Georges Auric s'extasiera devant « la fantastique beauté de chacun de ses gestes ». Tous ceux qui l'ont vue chanter *Tosca* n'oublieront plus jamais son regard sur le couteau et la manière dont elle arrête le verre qu'elle porte à ses lèvres, avant de poignarder Scarpia...

Comment ne pas envisager que toutes ces femmes qu'elle a si parfaitement incarnées, qui l'ont si souvent et si intimement accompagnée, n'aient pas lourdement pesé sur sa vie privée, avant qu'elle aussi ne choisisse le silence, cette autre manière de mourir derrière le rideau de scène, juste avant d'entrer dans la légende...

Et cette légende, en 1954, se construit « presto allegro ». Après deux *Lucia* et trois *Medea* à la Fenice, suivies de trois *Tosca* qu'elle chante pour la première fois début mars à Gênes, Maria investit le rôle-titre d'Alceste de Gluck, tiré de la tragédie d'Euripide. Pour cette nouvelle héroïne grecque, la direction de la Scala, qui souhaite renouveler l'exploit de *Medea*, ne lésine pas sur les moyens. Elle appelle Margherita Wallmann pour régler la mise en scène, confie la réalisation des décors à Piero Zuffi, et la conduite de l'orchestre au maestro Mario Giulini.

Après *Medea*, *Alceste* propose des situations dramatiques beaucoup moins extraverties. Dans ses Mémoires, Wallmann confie avoir été surprise par le naturel avec lequel Maria invente les attitudes de ce personnage comme si elle y retrouvait encore une fois les racines lointaines de sa culture. Il est probable que, plus que dans toute autre interprétation précédente, le public ait été fasciné par le jeu exceptionnel de la cantatrice. Dans la démesure de Medea, ou de lady Macbeth, c'était presque des monstres que l'on découvrait. Mais dans le rôle plus statique d'Alceste, Maria va souligner avec intelligence l'importance de la gestuelle appliquée au chant. On est bien loin des frénésies expressionnistes et des brutalités véristes. Maria va droit à l'essentiel. Un geste, un mouvement de la main suffisent à définir parfois une situation. « Les mains chantent aussi ! », a-t-on écrit. Chez Callas, elles ont toujours chanté. Depuis toujours, Maria a cherché pour chacune des héroïnes qu'elle a incarnées une démarche différente. Bien avant que de grands metteurs en scène la dirigent, elle avait trouvé, d'instinct, tout ce qui apparaissait dès lors comme une évidence.

Et puis, si le public est tellement séduit en ce début de printemps 1954, si sa gestuelle sur scène impressionne autant, c'est que Maria, qui a trente et un ans et qui est déjà l'une des premières soprani au monde, la plus fantastique tragédienne de l'opéra, est en train de devenir une très belle femme.

Préoccupée depuis de longues années par son physique, elle sait que sa silhouette retire de la crédibilité à son jeu. À Bernstein, après les cinq représentations de *Medea*, elle a déclaré : « Voyez-vous, Leonard, je suis bien trop grosse pour restituer l'apparence extérieure de cette femme dévorée par la passion. Mon visage aussi, trop rond, n'est pas assez fier ! » Elle pèse encore quatre-vingt-douze kilos. Et c'est trop, beaucoup trop ! Pour sa santé, pour sa carrière. Tant qu'elle aura cette apparence, les portes de certains théâtres, et notamment celles du Met, lui resteront fermées. Et puis elle est fatiguée des réflexions que son poids suscite. Comment oublier ce critique qui en 1951, après une représentation d'*Aïda* à Reggio, a déclaré qu'« il est impossible de faire la différence entre les pattes d'un éléphant et les jambes d'Aïda » ?

Tito Gobbi, l'incomparable baryton des années 1950-60, l'inoubliable Scarpia, interviewé à Rome le 2 mai 1978 par Alain Lanceron, directeur d'EMI, raconte comment la chose s'est décidée. Un jour de 1952, au restaurant avec Maria, Di Stefano et Tullio Serafin, ce dernier glissa à Maria qui dévorait :

– Ne mange pas tant… Il faut te soigner, surveiller ton poids…

– Bah ! répondit-elle. Je mange bien : je chante bien !

– Contrôle ton poids… insista le maestro.

Un peu plus tard, passant devant une bascule,

Maria ôta son chapeau et ses chaussures, les tendit à Tito et monta sur la bascule... en redescendit et, après quelques minutes de silence, marmonna :

– Hum ! Je vais penser à ça...

Un an et demi plus tard, à Rome, Tito Gobbi, qui se rendait à l'Opéra, entendit soudain une voix qui l'appelait :

– Tito !

Maria était là, à quelques mètres de lui, tout en noir.

– Regarde-moi maintenant ! dit-elle en ouvrant son manteau.

« Elle était très élégante, mince, belle... une beauté. Elle était formidable !... avec ses grands yeux brillants comme pleins de larmes... », se rappellera Tito Gobbi.

En quelques semaines, en effet, Maria a perdu plus de vingt-cinq kilos. Et ses obsédants problèmes de santé se sont, comme par magie, évanouis. Désormais tout lui va. Elle se sait belle et veut que cela se sache, elle veut voir du monde, jouir de sa célébrité, n'ayant plus rien à craindre de son physique.

Et la presse ne manque pas de le remarquer. On parle de plus en plus de ce régime mystérieux et spectaculaire, avec photos avant-après. Un journal romain aurait même découvert l'infirmière qui chaque jour faisait des piqûres de vitamines dans « le petit derrière ferme comme celui d'une toute petite jeune fille » de Maria Callas !

Du monde entier, la cantatrice reçoit des appels au secours de femmes qui la supplient de bien vouloir leur communiquer sa formule miracle. Contre des sommes énormes, on lui propose même de prêter son nom à ce régime « Callas » qui reste à inventer. D'autres, moins scrupuleux, ont passé outre à son autorisation, comme Gino Cohen, cet industriel romain fabriquant les pâtes Pantanella et qui, sur d'énormes affiches publicitaires, affirme sans vergogne : « C'est en mangeant nos spaghetti que la Callas a réduit de moitié. » Le tout assorti d'un certificat médical signé par le docteur Giovanni Lazzaroli... qui n'est autre que le beau-frère de Maria ! La coupe est pleine. Maria entre dans l'une de ces colères dont elle a le secret, appelle ses avocats, veut traîner tous ces escrocs devant les tribunaux et exige un démenti immédiat. Mais l'affaire est bien plus compliquée que les Meneghini et leurs conseils le supposent. Aussi incroyable que cela puisse paraître, la société Pantanella jouit de la protection du Vatican grâce à son président du conseil d'administration, le prince Marcantoni Pacelli, qui est aussi le neveu du pape Pie XII. On cherche à étouffer l'affaire, on propose à Maria et à son époux d'importants dédommagements pour qu'ils retirent leur plainte. Des hommes politiques n'hésitent pas à intervenir auprès du couple pour les faire revenir sur leur décision. Mais rien n'y fait. Maria veut un démenti public. C'est alors Sa Sainteté en personne qui se mêle de l'affaire et propose une audience aux Meneghini. La rencontre a lieu. En vain. Maria est intransigeante, et à sa sortie du Vatican, elle n'a pas changé d'avis. «Ils ont mal agi, ils devront payer. J'exige la vérité. Que le procès suive son cours.»

Il ne reste plus à la partie adverse qu'à tenter de salir la cantatrice qui ment, dit-on. Elle était au courant et avait donné son accord. Le premier jugement donne satisfaction aux Meneghini. Mais Gino Cohen et ses acolytes qui ne s'avouent pas vaincus font appel. L'affaire traînera plus de quatre ans...

*

Pendant qu'elle fait la une de la presse à scandale, que les photos de sa métamorphose y sont régulièrement publiées, Maria continue de chanter... Infatigablement, sans chercher à s'économiser, à se préserver, inconsciente des risques qu'encourt sa voix, mais le succès est tellement grisant. Maintenant qu'on lui offre tout et qu'elle peut décider de tout, pourquoi ne pas en profiter?

En alternance, toujours à la Scala, elle chante *Alceste* et Élisabeth de France dans *Don Carlo*, de Verdi, un livret inspiré de la pièce de Schiller, sous la direction de Votto. C'est encore une nouvelle héroïne qui s'ajoute à son répertoire et que le public découvre.

Par le jeu comme par la voix, Maria Callas gardera toujours beaucoup de tendresse pour cette femme qui doit choisir entre le roi Philippe II d'Espagne qu'elle doit épouser pour des raisons politiques et le fils de celui-ci, Don Carlo, à qui elle avait été promise. Un rôle qui a priori ne semble pas avoir été écrit pour une voix aussi puissante que la sienne mais qui dut profondément l'émouvoir au point qu'elle pensera souvent à le reprendre pour le San Carlo de Naples, pour le Covent Garden de Londres, et pour le disque avec Giulini. Autant de projets qui ne se réaliseront jamais.

La saison à la Scala est à peine achevée que Maria est à nouveau Leonora dans *La Forza del destino* à Ravenne, un rôle qu'elle n'avait pas chanté depuis 1948, tout en préparant Margherita pour *Mefistofele* que l'on donne dans les fameuses arènes de Vérone.

Le défi est audacieux. Ce *Faust* d'Arrigo Boito

est resté très marqué par les interprétations de Renata Tebaldi et de Magda Olivero, à ce jour inoubliables. Pour Maria, c'est un demi-succès. Inévitablement, on la compare à Tebaldi que l'on trouve... supérieure ! Maria, pour une fois, ne va pas chercher à défendre ce personnage qu'elle abandonnera après ces trois représentations. C'est aussi avec ce rôle, qui finalement n'était pas du tout pour elle, qu'elle dit adieu aux arènes de Vérone. Malgré toute l'affection qu'elle porte à ce lieu qui l'a vue débuter, à cette ville où elle a été amoureuse pour la première fois, Maria n'y reviendra plus jamais, emportée par d'autres scènes, plus lointaines, au-delà de l'Atlantique. Elle doit aussi honorer son contrat avec la maison de disques EMI. Quatre intégrales : *Norma*, *La Forza del destino*, *I Pagliacci* et *Il Turco in Italia*. Les trois premières sont dirigées par Serafin, la dernière par Gavazzeni. Puis, elle enregistrera à Milan et à Londres entre avril et septembre une compilation des airs les plus célèbres de Puccini.

Alors qu'elle passe du studio à la scène avec une virtuosité sans pareille, Maria prépare son retour dans le pays qui l'a vue naître. Enfin, les États-Unis l'appellent.

15

DEUX GÉNIES SE RENCONTRENT

« Où avait-elle appris tout cela ?
Toute seule. »

À la fin du mois d'octobre, accompagnée de Meneghini et de Toy, le nouvel amour de la chanteuse, un petit caniche qu'elle emmène partout avec elle, Maria débarque à l'aéroport de Chicago où elle est reçue en diva qu'elle est devenue.

Pour ses débuts sur une scène américaine, sagement pour une fois, elle propose *Norma*, *La Traviata* et *Lucia di Lammermoor*, des opéras qui lui sont familiers. Selon les jours et les rôles qu'elle va interpréter, elle est entourée des plus prestigieux partenaires de l'époque : Tito Gobbi, Giuseppe Di Stefano, Gian Giacomo Guelfi et Leopold Simoneau.

La première de *Norma* est programmée pour le 1er novembre au Civic Opera House. La presse musicale s'extasie devant la « chanteuse la plus excitante du monde » et les journaux à sensation se surpassent dans leur spécialité : le frisson ! Savez-vous que la « reine de l'Opéra » prépare des petits plats à son Titta, ne peut vivre loin de lui, a deux passions, son public et son mari ? etc. Les photographes ne lui laissent aucun répit et Maria répond, sourit, s'abandonne…

À l'issue de la dernière de *Lucia di Lammermoor*, on relève le rideau vingt-deux fois ! Le public délire, les bouquets pleuvent sur la scène et Maria salue, d'autant plus heureuse de triompher devant ce père qu'elle n'a pas revu depuis plus d'un an et demi.

En Amérique, il y a également « le bel Eddie », Richard Bagarozy qui, on s'en souvient, l'a rencontrée en 1947 pour lui proposer d'être son imprésario, lui faisant hélas signer, avant son départ pour Vérone, un contrat stipulant qu'il était désormais son agent exclusif pour dix ans. Maria a bien évidemment oublié tout cela. D'autant que depuis, Bagarozy ne s'est plus jamais manifesté. Hélas, il n'en a pas moins fait ses comptes : à raison de dix pour cent sur chacun des cachets de Maria, selon la coutume, elle devrait lui devoir trois cent mille dollars ! Une somme exorbitante !

Dès qu'il apprend sa venue, il se fait reconnaître et lui présente sa facture. « Hors de question de donner un dollar ! Qu'a-t-il fait pour promouvoir ma carrière comme il s'y était engagé ? Rien ! Alors le contrat est nul ! », déclare la cantatrice.

On va forcement au procès... au grand bonheur d'une certaine presse.

Le problème, c'est qu'au regard de la loi américaine ce contrat est irréprochable. Alors commencent les auditions chez les avocats, les échanges de dossiers... sans les Meneghini qui repartent pour l'Italie, Maria devant faire l'ouverture de la nouvelle saison de la Scala. Mais elle reviendra dans son pays natal. Elle a déjà donné son accord pour d'autres prestations au théâtre de Chicago, l'année prochaine.

Satisfaite de son succès américain, mais perturbée à l'idée du probable procès que veut lui intenter le « bel Eddie », Maria revient à Milan... métamorphosée. La mode chez les stars hollywoodiennes platinées lui a donné quelques idées. Maria est devenue blonde... svelte et élégante. Car elle aime de plus en plus s'habiller. C'est à cette époque qu'elle fait la connaissance de Mlle Biki, petite-fille de Puccini, qui est l'une des plus fameuses couturières d'Italie. C'est elle qui dessine maintenant ses costumes de scène et ses vêtements à la ville... Elle qui modèle cette nouvelle silhouette « plus fine que celle d'une pin-up de cinéma ».

Mais lorsque Maria arrive à la Scala, l'atmosphère est fiévreuse. Elle n'a que quelques jours pour régler le nouveau rôle qu'elle a choisi d'interpréter. Il s'agit de *La Vestale*, un opéra de Gaspare Spontini créé en 1807, à Paris, devant l'empereur Napoléon Ier. Avec un nouveau metteur en scène pour la cantatrice... Luchino Visconti.

Visconti fait partie de ceux qui ont été au plus près de Callas lorsqu'elle menait ses combats. Venu au cinéma grâce à Jean Renoir dont il a été l'assistant, il est l'un des metteurs en scène les plus célèbres et un artiste raffiné qui a réalisé la première grande œuvre néoréaliste italienne en pleine guerre mondiale, sous le pouvoir fasciste italien, avec *Les Amants diaboliques*. Puis viendront *La Terre tremble*, *Senso*, et plus tard *Rocco et ses frères*, *Le Guépard*, *Mort à Venise*, *Le Crépuscule des Dieux*, *Les Damnés*, enfin *L'Innocent*, son dernier film. Visconti est obsédé par ce qui fuit, qui est sur le point d'être englouti à jamais par la mort, et tout ce qu'il fait porte la marque de cette fascination, les décors, les visages, les passions exprimées... Il est beau, cultivé, issu d'une famille aristocratique qui descend des anciens ducs de Milan. Il est aussi fou d'opéra... et fou de Callas! Il fut l'un de ses tout premiers admirateurs. Il était dans la salle lorsqu'à Rome, en 1949, elle chantait *Parsifal*.

«Elle était grosse, mais superbe en scène. J'aimais cette grosseur qui lui donnait tant d'autorité. Elle était déjà remarquable. Ses gestes nous transportaient. Où avait-elle appris tout cela? Toute seule.»

Quelques mois plus tard, entre le 23 février et le 7 mars 1950, Maria, toujours à Rome, chante cinq *Norma* et, chaque soir, Visconti est là. Il lui adresse des lettres admiratives, lui offre des bouquets de fleurs énormes, crie son nom dès qu'elle entre en scène. Maria s'en étonne puis apprend que l'oncle et le grand-père de cet admirateur furent d'anciens directeurs de la Scala. Finalement, la rencontre entre la diva et le cinéaste a lieu, chez le maestro Serafin où elle répète *Traviata*. Visconti lui propose de tourner avec lui, ce qui ne semble pas tenter outre mesure Maria, qui reste floue puis refuse.

Le cinéaste ne désarme pas. À Florence, à la fin du mois de mai 1951, Maria, qui doit interpréter *I Vespri siciliani*, le remarque dès le premier soir, au premier rang. Les derniers accords de l'orchestre sont à peine éteints qu'il est déjà dans sa loge pour lui proposer à nouveau de l'engager. Il veut monter *Senso*, le chef-d'œuvre de Camillo Boito. Et par-dessus tout, il veut Maria pour incarner Livia, cette magnifique comtesse vénitienne qui vit jusqu'à la folie un amour interdit avec le cynique et pervers lieutenant Remigio. Elle dit encore non. Et c'est la somptueuse Alida Valli qui la remplacera. Qu'importe, Visconti a une autre idée. La première scène du film se déroule à la Fenice, lors d'une représentation du *Trovatore*. Maria pourrait chanter un extrait de Leonora ? Troisième refus. Il n'arrive à ses fins qu'en lui offrant ce pour quoi elle se sent faite, un opéra : *Il Turco in Italia*… Dès qu'il s'agit d'opéra, Maria n'a plus de réticences. Visconti s'est rallié à ses objections, Maria l'adore.

Au printemps 1954, il lui propose d'être *La Vestale* à la Scala. Maria est enchantée. Ghiringhelli l'est moins. Mais comme il ne peut plus rien refuser à sa diva… les répétitions commencent. La direction orchestrale est confiée à Antonio Votto et les décors à Piero Zuffi. On pressent l'événement. La presse s'en empare. Arturo Toscanini en personne se déplace pour assister aux répétitions et, phénomène rare, séduit par la grâce de Maria et la perfection avec laquelle elle vient de chanter Spontini, applaudit à tout rompre.

– Vous êtes si belle ! lui dira-t-il.

Ce à quoi elle aurait pu répondre : « Et vous si génial, maestro. »

Le 7 décembre 1954, le soir de la première, Toscanini est assis à côté du directeur de la Scala et, enthousiaste lui aussi, participe à l'ovation adressée à la fin du spectacle au trio Callas, Visconti et Votto.

Maria, conquise par cette collaboration et prête à retravailler rapidement avec Visconti, doit auparavant chanter Madeleine dans *Andrea Chénier* durant tout le mois de janvier 1955. Un drame historique en quatre tableaux, d'Umberto Giordano, qui se passe au moment de la Révolution française et retrace l'histoire d'amour d'un jeune poète républicain et d'une jeune fille de la noblesse. Chénier, pris par erreur pour un ennemi de la patrie, est emprisonné et condamné à mort. Désespérée, Madeleine le rejoint en prison et se substitue à une prisonnière pour mourir avec son amant sur l'échafaud.

L'œuvre, inspirée de la vie du poète Chénier, qui avait été créée à la Scala en 1896, n'était pas prévue au programme. À l'origine, Maria avait signé pour *Il Trovatore*. Mais Mario Del Monaco, que le monde entier s'arrachait, avait décidé que cette œuvre ne lui convenait plus et qu'il chanterait l'opéra de Giordano dont la première était prévue pour le 3 janvier. Maria, mise devant le fait accompli, n'a que dix jours pour apprendre un rôle dont elle ignore tout et qu'elle n'a pas choisi.

Le soir de la première, les avis sont fort partagés. Pour les inconditionnels de Callas, c'est une réussite absolue. Ne pouvant donner à son timbre la sensualité large et épaisse qui ne lui appartient pas, pour la première fois, elle a choisi de privilégier l'ambivalence toute romantique d'une héroïne consciente du conflit qui oppose deux mondes et deux générations, et assume cette crise idéologique par le biais de l'amour. Il y a là une recherche d'un rôle qui n'est pas que vocal et c'est cette nuance que les conservateurs rejettent avec force huées et rappels scandés du nom de Tebaldi !

Maria s'en moque et débute déjà les répétitions de *La Sonnambula* de Bellini, une première à la Scala, que mettra en scène Luchino Visconti.

L'histoire d'Amina, jeune paysanne qui se rend dans la chambre du seigneur pendant une crise de somnambulisme, risquant ainsi de perdre l'amour du fermier dont elle est éprise, avait séduit les plus grandes interprètes de l'époque, de la Patti à la Malibran. La succession est donc périlleuse, d'autant que Visconti en a fait un personnage totalement nouveau, une sorte de réincarnation de La Taglioni, célèbre ballerine du XIXe siècle. À la fin du premier acte, et pour donner plus de force à sa mise en scène, il a intégré deux courts ballets qui introduisent l'entrée de Maria. Et elle est délicieuse, dans sa robe de mariée, une couronne de roses sur la tête, les bras gantés, imitant la gestuelle de la danseuse dont elle épouse totalement la silhouette. Les décors, signés par Piero Tosi, sont somptueux. Et c'est Leonard Bernstein qui dirige. Une affiche qui a suscité intrigues et combats afin d'obtenir des places. Hélas, Maria est souffrante et l'on doit reculer la première de quinze jours, ce qui attise encore l'impatience du public. Le 5 mars, guérie, elle se révèle éblouissante. Sa voix, homogène, mystérieuse, lointaine, emplie d'une nostalgie éperdue, d'une confiante spontanéité et d'un bonheur simple, est aussi déliée que son corps. Et ses longs bras gantés semblent accompagner cette parabole comme les ailes d'un oiseau prêt à s'envoler. De la musique de Bellini elle dévoile un aspect nouveau : cette pureté élégiaque que les écarts désespérés de Norma ou l'insolence d'Elvira n'avaient pas encore pu laisser s'exprimer. Et lorsque Visconti, pendant le rondeau final, fait allumer tous les lustres qui reflètent dans leurs multiples pampilles de cristal les centaines de bouquets lancés sur la scène, l'extase est au rendez-vous.

16

LE CHEF-D'ŒUVRE
D'UNE VIE

Callas sur scène ne chantait pas
Aïda, Lucia, Norma, Tosca *ou* Violetta,
non, elle aimait, souffrait et mourait à chaque fois
avec l'une d'entre elles.

Comment expliquer cet irrépressible goût du risque qui pousse Maria à chanter les dernières représentations de *La Sonnambula* en alternance avec *Il Turco in Italia*?

Certes, elle connaît l'œuvre. Elle l'a déjà interprétée en 1950, à Rome, et vient de l'enregistrer. C'est Franco Zeffirelli, un jeune homme extrêmement séduisant et passionné de théâtre, qui va faire la mise en scène. Il a été l'assistant de Visconti au cinéma, avant que celui-ci ne l'impose à Gerardo Guerrieri comme assistant pour la première version du *Turco* interprétée par Maria. Celle-ci l'avait trouvé fort sympathique, plein de talent et avait prédit que ce jeune homme irait loin.

Effectivement, en cinq ans, Zeffirelli s'est fait un nom dans le monde du spectacle. Il bouillonne d'idées et d'audaces. Il est aussi, comme son maître Visconti, un inconditionnel de la Callas. Les retrouvailles sont heureuses. Enthousiaste, Zeffirelli veut offrir une nouvelle Callas au public, un aspect de sa personnalité qu'il ne soupçonne pas. Si celui-ci l'avait adorée dans les grandeurs tragiques de *Medea*, dans la violence de lady Macbeth, dans l'hiératisme d'Alceste ou dans la folie de Lucia, jamais il ne l'avait vraiment vue drôle ou frivole. Avec Zeffirelli, Maria va le devenir et la cantatrice est ravie. Elle allège sa voix pour faire de Fiorilla un rôle cocasse. Zeffirelli s'occupe de tout. De la production, des décors, des costumes... Comme Visconti, les problèmes de budgets ne le font pas reculer et puis, il a ses « trucs » qui font rire Maria.

« Chacun connaît la passion que Maria vouait aux bijoux : elle portait un magnifique collier de diamants et d'émeraudes, et après chaque première, son mari lui offrait un nouveau joyau pour sa collection. J'imaginai alors couvrir le Turc, Nicola Risso-Lemeni, de nombreux bijoux. Je dis à Maria de ne pas être effrayée à sa première apparition mais, au contraire, d'être fascinée par ses magnifiques ornements. Chaque fois que le Turc lui présenterait la main, Maria la prendrait pour examiner ses bagues ! Elle le fit et fut chaque fois adorablement drôle... » Et le public une nouvelle fois bluffé.

Ce n'est pas un hasard si les plus grands réalisateurs de théâtre et de cinéma de l'époque s'intéressent à Callas pour ses dons prodigieux de chanteuse et de comédienne. Elle seule, à l'époque, permet de rêver à ce théâtre absolu où drame et musique ont une part égale... C'est en cela que son rôle dans l'évolution du théâtre lyrique est capital.

La fin de la saison à la Scala approche. Maria et Visconti s'étaient entendus pour trois rôles. *La Vestale* et *La Sonnambula* avaient été des triomphes. Mais on n'avait encore rien vu. En mai, les deux monstres sacrés allaient se retrouver pour une *Traviata* légendaire.

Ce rôle, Maria le connaît par cœur. Depuis 1951, à Florence, elle l'a chanté trente et une fois et l'a aussi gravé sur disque. La difficulté pour Visconti est donc de faire quelque chose de nouveau avec l'une des œuvres fétiches de la chanteuse et que le public italien connaît parfaitement. Au résultat, cette *Traviata* sera peut-être le spectacle le plus complet depuis des générations grâce à la rencontre de trois êtres, de trois énergies, de trois génies.

D'abord, Maria *est* la Traviata. Verdi avait conçu un premier acte pour un soprano coloratura avec des intervalles redoutables, un second pour un soprano lyrique et enfin un troisième pour un soprano dramatique. Ainsi, depuis toujours, on avait vu des chanteuses s'illustrer de manière brillante dans l'un ou l'autre de ces actes sans jamais vraiment atteindre la plénitude. Au printemps 1955, Maria est la seule à pouvoir affronter les périls de la partition du début à la fin de l'œuvre car elle a ces trois voix qu'elle maîtrise alors parfaitement. Et puis sa transformation physique est un atout supplémentaire. Sa minceur donne encore plus de fragilité et d'émotion à ce rôle, encore plus de crédibilité. Enfin, psychologiquement, Maria est très proche de cette héroïne partagée entre sa vie sociale et sa vie affective, en proie à un renoncement qui la déchire et va la mener jusqu'à la mort. Visconti, quant à lui, raffole du contexte historique de l'œuvre, que l'on retrouvera d'ailleurs dans plusieurs de ses films, et notamment dans *L'Innocent*. Enfin Giulini, le spécialiste incontesté de Verdi, a déjà affronté les exigences de Callas et les innovations de Visconti.

L'osmose est donc parfaite... Et le résultat appartient à l'histoire de l'opéra !

En chignon sur la nuque ou en cheveux, dans des robes de satin rouge ou de dentelle blanche signées Christian Dior, le couturier le plus en vue de l'époque, dans des décors somptueux et authentiques de Lila de Nobili, Maria est méconnaissable.

Visconti, qui considère cette *Traviata* comme son chef-d'œuvre, se souvient : « Sur le plan dramatique, je voulais communiquer à Maria Callas un peu du génie de la Duse et de Sarah Bernhardt... Jamais je n'ai travaillé avec une actrice aussi douée... Elle ne voulait jamais prendre la moindre initiative. Je devais décider du plus petit geste. En fait, elle était un merveilleux instrument dont on pouvait jouer à son gré. »

Le maestro Giulini, dans ses Mémoires, raconte : « Alors que je terminais l'ouverture et qu'il fallait faire entamer à l'orchestre l'allegro qui donne le signal du lever de rideau, je découvre la scène et ressens une émotion profonde. Mon cœur n'a fait qu'un bond. J'étais bouleversé par la beauté de ce que je voyais. Le décor le plus sensible et le plus extraordinaire que j'aie jamais vu : l'illusion de l'art ou, peut-être, celle de l'artifice théâtral s'était dissipée. J'avais le même sentiment chaque fois que je dirigeais cette représentation... Pour moi, la réalité se déroulait sur scène. Ce qui était derrière moi, le public, la salle de spectacle, le théâtre, tout me paraissait artificiel. La vérité, la vie même n'apparaissaient que sur la scène. »

Piero Tosi, l'un de ses partenaires, compara Maria dans le dernier acte « à un mannequin effondré d'un cabinet de figures de cire. Elle n'apparaissait plus comme un être humain, mais comme un cadavre vivant... Elle chantait avec un filet de voix si faible, si chétif, si touchant ! »

Au baisser de rideau, le public est survolté. Des fleurs volent de tous côtés. Et on applaudit, on applaudit, à n'en plus finir...

Devant un tel triomphe, Giulini commet une maladresse. Il pousse Maria à venir saluer seule. Elle en fait une autre, elle accepte. Giuseppe Di Stefano, pourtant très proche d'elle, est terriblement vexé. Il se rhabille, quitte sur-le-champ le théâtre et annule les autres représentations. Giacinto Prandelli le remplacera.

Pendant des années, la Scala n'osa plus afficher *La Traviata*. Lorsqu'elle s'y risquera à nouveau en 1964, avec Mirella Freni et Herbert von Karajan, pourtant, ce sera un véritable échec.

Les représentations de la Scala achevées, Maria s'attelle à l'enregistrement de quatre disques pour EMI. D'abord un récital consacré à de grands extraits de *Medea*, de *La Vestale*, de *La Sonnambula* et des *Puritani* puis un second où, sous la direction du maestro Karajan, elle est pour la première fois Butterfly. Et le résultat ravit les amateurs. Naïve et confiante au premier acte, sa douleur, lorsqu'elle se voit trahie par le jeune officier américain qui l'abandonne en lui enlevant l'enfant qu'il lui a fait, est bouleversante. Mourir d'amour, comme toutes les autres ! Celles qu'elle ne cesse d'incarner avec tant de vérité alors qu'à ce jour Maria n'a toujours pas connu ce sentiment extrême.

Enfin, sous la baguette de Tullio Serafin, elle endosse pour une dernière fois le rôle d'Aïda. D'aucuns diront qu'à l'écoute de cet enregistrement une certaine fatigue vocale se fait déjà ressentir. D'autres vont minimiser le problème en affirmant que ce rôle ne fait plus partie, depuis plusieurs mois, de son imaginaire créatif. Puis, après avoir rallié Berlin, toujours avec Karajan pour *Lucia di Lammermoor*, Maria grave l'intégrale de *Rigoletto* avec Serafin où elle renouvelle son exploit de Mexico, juste avant Chicago où elle est impatiemment attendue.

17

LE MONSTRE SACRÉ

« Je voyais les chanteurs
chanter avec un vieux style,
avec des conventions ridicules
pas adaptées à notre époque… »

« Est-ce qu'elle peut chanter un soir *Lucia*, un autre *Violetta*, un autre soir *Gioconda* et le lendemain *Medea* ? Non. Alors qu'on ne me dise pas que nous sommes rivales. Nous comparer, c'est comme comparer du champagne et du Coca-Cola ! »

Cette déclaration peu nuancée de Callas à l'époque où la Tebaldi quitte la Scala préfigure, en quelque sorte, des accrochages à venir avec la presse, le public et l'opinion… Maria est excédée et lorsqu'en cette fin d'année 1955 elle s'apprête à partir honorer son contrat à l'Opéra de Chicago, elle met deux conditions à sa venue : être protégée de Bagarozy tant que le procès n'aura pas lieu (pour cela on doit lui remettre une lettre de sommation en main propre) et… engager Renata Tebaldi! «Comme ça, le public pourra comparer!»

Entre le 31 octobre et le 17 novembre, Maria chante deux *Puritani,* deux *Trovatore* et deux *Butterfly*, sous la baguette du maestro Rescigno. Un beau programme qui alterne avec celui de Tebaldi qui s'est réservé *Aida* et *La Bohème*.

Côté salle, le public de Chicago est bien loin d'imaginer que les deux divas, qui partagent la même loge en alternance, s'ignorent totalement. Maria, qui ne rate aucune des représentations de Tebaldi, ne manque pas de remarquer tout haut, pendant *Aida* :

– Elle est très en voix, ce soir…

Sincérité ou comédie?

«Qu'elle chante, qu'elle se déplace, qu'elle fasse le moindre geste, tout est admirable. Il n'y a jamais l'ombre d'une erreur, de la plus fine faute de goût», peut-on lire dans la presse à propos de Maria. «La ville entière est tout simplement folle de Callas», «J'adore cette femme, je suis esclave de son charme», «Sa voix contient un peu du mordant et toute la richesse de la clarinette. Tout cela chauffé et adouci par une immense féminité. La voix flotte avec grâce, sans effort, s'enfle jusqu'à emplir toute la salle, pour s'effiler ensuite le plus sensuellement du monde en arabesques toutes décoratives… Elle vous touche droit à l'estomac. »

Ah ! Qu'en termes galants ces choses-là sont dites !

Maria nage dans le bonheur, répond aux journalistes, toute de charme, se prêtant de bonne grâce à une représentation de *Butterfly* le 17 novembre. Devant trois mille six cents personnes, elle chante le drame de la trop crédule geisha Cio-Cio San. Les applaudissements vont durer plus d'un quart d'heure, les bouquets recouvrent la scène où Maria rayonne. Mais dans sa loge tout change. Sortis de nulle part, six policiers l'entourent pendant que le marshall lui tend la fameuse citation à comparaître devant le tribunal pour l'affaire Bagarozy. Surgit alors, comme l'on pouvait s'y attendre, une meute de journalistes et de photographes. La bousculade est générale. Le marshall en profite pour glisser le fameux petit papier dans l'ouverture du kimono de la chanteuse. Maria se déchaîne, entre dans une rage folle.

« Espèce de Zoulous », hurle-t-elle en désignant dans un même geste le chapeau mou de son ennemi et les administrateurs de l'Opéra, ces nullités qui n'ont pas été capables de la protéger comme ils s'y étaient engagés !

155

Les flashs des photographes crépitent. Les photos feront le tour du monde, diffusant l'image d'une Callas le visage tordu par la fureur. Une véritable sorcière ! Ses détracteurs jubilent. « Vous voyez, cette femme n'est pas seulement difficile ou sujette à des humeurs ! Regardez ces photos, c'est une furie, une mégère, une tigresse. »

Maria se promet de ne plus jamais revenir chanter à l'Opéra de Chicago. En fait, elle y retournera quelques mois plus tard, puis assez régulièrement pour des concerts. Mais pour l'instant, encore tremblante d'indignation, les yeux rouges, elle rentre en Italie, plus furieuse que triste.

C'est dans cette atmosphère lourde et déplaisante que s'ouvre la saison 1955-1956 à la Scala. Cette saison va être pavée d'incidents qui réjouiront les fanatiques de Tebaldi, qui n'ont toujours pas rendu les armes.

Antonio Votto, qui dirige Maria dans une nouvelle mise en scène de *Norma* signée Margherita Wallmann, remarque que sa voix a considérablement évolué. Les conquêtes techniques de Callas semblent inépuisables « et son chant sait trouver de nouvelles couleurs, de nouvelles possibilités avec des inflexions à la limite de la sorcellerie», dit-il. Après la Callas «force de la nature» qu'il a connue, il retrouve une Callas qui a atteint un équilibre parfait entre l'expression et la ligne de chant. Selon Sergio Segalini, ces Norma seront ses plus belles, et les seules convaincantes depuis le XIXe siècle.

Follement applaudie à l'issue de la première, Maria se sait pourtant menacée : «Vous allez voir, ce soir, je le sens, un moment avant tel ou tel air, quelqu'un va se manifester par des cris ou en faisant du bruit depuis le poulailler.» Les pro-Tebaldi, toujours, mais aussi Mario Del Monaco, son partenaire qui a toujours été très préoccupé par les rappels et que Meneghini soupçonne d'avoir trop bien graissé la patte à la claque officielle… Maria s'exaspère et son partenaire s'indigne.

«Je m'apprêtais à sortir de scène, aurait-il raconté, lorsque je sentis un coup de pied magistral me frapper les mollets. Je restai un moment surpris et me frottai avec vigueur la jambe. Quand je pus enfin marcher, Maria avait pris tous les applaudissements !»

Des absurdités. Mario Del Monaco est le premier à le reconnaître, après avoir tout de même déclaré à Meneghini :

– Vous et votre femme n'êtes pas les propriétaires de la Scala !

Après ces neuf *Norma*, Maria enchaîne avec dix-sept *Traviata* dans la mise en scène de Visconti. Et, chaque soir, elle renouvelle l'exploit, bravant, comme pour *Norma*, ceux qui cherchent à la déstabiliser.

Visconti qui, un soir, est dans la trappe du souffleur, entend soudain des bruits sourds au moment des rappels. « Mais en quoi sont ces fleurs ? En marbre ? » se demande-t-il, juste avant d'apercevoir des bouquets de… légumes ! Céleris, radis, navets, poireaux, tout un potager ! Impassible, Maria se baisse, ramasse une botte de radis, la tient délicatement dans ses mains, la présente au public avec un immense sourire et… plonge dans une sublime révérence : « Je ne sais pas comment font ces gens ! Des légumes frais en plein hiver ! », dit-elle de retour dans sa loge pendant que Meneghini va régler ses comptes avec la direction. Dorénavant, il exigera qu'on fouille les spectateurs avant la représentation.

– Maria n'a pas besoin de la Scala ni de l'argent que vous lui donnez ! Je ne laisserai pas ma femme continuer à chanter si ce genre d'incident se reproduit…

Toutefois, si le public oublie vite l'incident, la presse se jette sur l'événement et ridiculise la myopie de Maria. Pour les uns, elle aurait pris des carottes pour des œillets ! Pour d'autres, elle aurait donné un coup de pied rageur dans une botte de poireaux qui aurait atterri... dans la fosse d'orchestre !

Alors que dans une certaine presse Maria Callas est l'objet de tous les ragots, sa réputation de chanteuse n'a jamais été aussi grande à travers le monde.

Ceci expliquant sans doute cela.

Entre les dix-sept représentations de *La Traviata* programmées sur toute la saison, du 19 janvier au 6 mai, la Scala avait prévu d'autres œuvres, dont *Il Barbiere di Siviglia*, ce délicieux opéra bouffe en deux actes de Rossini, inspiré par la comédie de Beaumarchais, où Maria chanterait cinq fois Rosine. Mais là, pour la première fois, malgré ses dons de comédienne, elle n'est pas crédible. Le sentant confusément, elle cherche à s'approprier davantage le rôle. Bref, elle surjoue !

Habitué à la voir dans des mises en scène enlevées, comme celles de Wallmann, Visconti ou Zeffirelli, le public ne la reconnaît plus. De surcroît, Carlo Maria Giulini, qui est souffrant depuis le début des répétitions, manque de légèreté dans sa direction d'orchestre, imposant des tempi que l'on trouve injustifiés.

Le public siffle et la critique qui égratigne le maestro concentre ses traits sur Maria. Lui a-t-il manqué un grand metteur en scène ? N'a-t-elle pas réussi à saisir la fraîcheur du rôle ? On va même jusqu'à parler de vulgarité…

Il Barbiere di Siviglia signe le premier véritable échec de Maria Callas qui ne reprendra plus jamais ce rôle sur scène. La leçon a été comprise. Mais Callas, en grande perfectionniste, plus que jamais soucieuse de son image, acceptera deux ans plus tard de le graver sur disque en tentant de corriger les défauts remarqués à la Scala. Un enregistrement qui occultera sa médiocre prestation scénique.

Et puis, en 1956, Maria n'a pas le temps de s'apitoyer sur son sort ni sur cette contre-performance. Elle doit honorer ses engagements. Trois *Lucia di Lammermoor* au théâtre San Carlo de Naples, puis une nouvelle création à la Scala. Pour achever la saison, elle a choisi *Fedora* d'Umberto Giordano, qui, comme *Tosca*, est inspirée d'un drame que Victorien Sardou avait écrit pour Sarah Bernhardt en 1882.

L'action se passe dans la Russie tsariste de la fin du XIXe siècle. Un prince est assassiné. Sa sœur, Fedora, connaît le meurtrier et veut le dénoncer. Séduite, elle le suit dans son exil pour finalement le trahir. Histoire de haine, de passion, d'amour impossible, de meurtre et de suicide, histoire tragique où Maria redonne à son public ce qu'il attend d'elle.

Gian Andrea Gavazzeni dirige l'orchestre. Maria travaille avec Tatiana Pavlona, pour s'imprégner de l'esprit « russe » et créer avec elle un personnage plausible. Et le soir de la générale, Gavazzeni est ébloui : « Maria Callas a démontré que tous ceux qui avaient exprimé leur crainte à l'annonce de cette création nouvelle s'étaient lourdement trompés… Elle a fait bénéficier ce rôle d'une technique hors du commun et lui a donné d'innombrables colorations vocales nouvelles. »

Finalement, si l'on met entre parenthèses *Il Barbiere di Siviglia*, la saison à la Scala a été excellente. Maria n'a jamais aussi bien chanté, n'a jamais été aussi célèbre, n'a jamais été aussi belle qu'en cette année 1956. Elle est devenue la plus grande cantatrice de son temps.

Le 12 juin, la Scala, avec Karajan, va présenter *Lucia di Lammermoor* à Vienne. Le théâtre de quatre mille places est pris d'assaut par quelque douze mille personnes qui se sont déplacées pour écouter et voir Callas ! Ceux qui n'ont pu entrer bloquent les rues alentour et la police doit intervenir. Partout on la réclame, en Europe comme aux États-Unis. Même le Met qui l'a si longtemps ignorée, si longtemps méprisée, ne sait que faire pour qu'elle accepte de venir chanter à New York.

18

À NOUS DEUX NEW YORK !

Callas-Tebaldi : le dernier round !

Directeur du Met depuis 1949, Rudolf Bing avait remis sur pied le célèbre théâtre. L'homme a aussi une haute idée de lui-même. Sa première rencontre avec Maria Callas, on s'en souvient, ne s'était pas bien passée ! D'ailleurs, dans son livre de souvenirs, il n'est pas tendre : « J'entendis son nom pour la première fois en 1949 et il était attaché à d'incroyables histoires sur le registre de sa voix et la variété des rôles qu'elle était capable d'interpréter. Pourtant, la personne que je vis à Florence en 1951 n'avait que peu de rapport avec la légende qui l'entourait. Elle était mons- trueusement grosse, assez laide et parfaitement gauche. »

Malgré ce jugement sans nuance, Bing ne peut plus ignorer longtemps encore Callas et un accord de principe est envisagé pour la saison

1952-53 : Maria viendra au Met chanter une *Traviata*. Mais le projet tourne court. Poussé alors par une presse qui s'étonne que le plus grand théâtre lyrique des États-Unis ne l'ait pas encore fait venir, Bing relance les Meneghini. Lettres, télégrammes, appels téléphoniques... Il utilise tous les moyens en sa possession pour convaincre Maria et lui propose une *Traviata*, une *Aida* et peut-être même une *Norma* si Zinka Milanov, cantatrice vedette du Met, qui considère ce rôle comme lui appartenant, accepte. Enfin, il parle d'argent. Il est prêt à lui donner huit cents dollars par représentation. Bien peu de choses comparé aux deux mille dollars que lui offre Chicago... Maria refuse. Bing fulmine et envoie une véritable lettre d'insultes à Meneghini qui lui répond : « Oubliez Maria Callas puisque vous ne pouvez pas vous l'offrir. De toute façon, elle n'a nul besoin du Met pour être la première ! »

Car si Maria est considérée par certains comme la plus grande, elle est pour tous la plus chère ! Et c'est à Meneghini qu'elle le doit. Celui-ci, dès le début de leur association, avait voulu créer autour d'elle le mythe de la perfection, de l'inaccessible. Et à chaque directeur de théâtre qui la voudra, il imposera toujours le prix fort. Une méthode qui s'avère très efficace. De soixante dollars par représentation à Vérone en 1947, neuf ans plus tard, on en est à cinq et six mille pour chacune de ses apparitions, sans parler de ses frais pris en charge par la direction et de ceux de son époux. Après tout, ne remplit-elle pas les salles ? À peine son nom est-il à l'affiche d'un théâtre que celui-ci joue à guichets fermés. Le marché est finalement rentable pour tout le monde !

Bing le sait. Mais il s'est toujours fait un point d'honneur de ne jamais entrer dans cette logique, considérant que chanter dans son théâtre équivaut déjà à un salaire.

Pourtant, pour Callas, il accepte de faire un effort. Au printemps 1955, il renoue le contact avec Meneghini et propose à Maria l'ouverture de la saison 1956-1957 du Met avec *Norma* et deux autres œuvres à choisir. Soit douze soirées, au total, payées mille dollars chacune, sans compter trois mille dollars pour les défraiements de Maria et deux mille pour ceux de son mari. « Nous verrons », dit Meneghini…

Comme Maria est revenue furieuse de son second séjour à Chicago, Bing pense avoir conclu l'affaire. Pourtant, il lui faudra attendre encore de longues semaines la signature du contrat. Fit-il un effort financier supplémentaire ? Peut-être. Car, finalement, le 13 octobre,

Maria, son mari, son caniche et sa secrétaire sont dans l'avion pour New York.

La diva est anxieuse. Quel accueil va lui réserver sa ville natale ? « New York est-elle impatiente de m'entendre ? » a-t-elle écrit à Bing avant son arrivée. Et puis, il y a cette affaire Bagarozy qui la tourmente beaucoup. Afin qu'il ne puisse faire opposition sur le montant de ses cachets, Bing propose de déposer l'argent dans une banque suisse, mais Meneghini a une autre idée : il veut recevoir lui-même, en liquide et de la main à la main, le cachet de sa femme avant chaque lever de rideau. « Les derniers temps, écrira Bing, je le faisais payer exprès en coupures de cinq dollars pour qu'il perde un temps infini à recompter ses liasses et qu'il ait ensuite à transporter un paquet aussi volumineux qu'embarrassant... » Un excès de zèle qui semble communicatif : lorsqu'un journaliste demande à Maria en quelle langue elle pense, celle-ci répond naïvement :

– Je pense en grec mais je compte en anglais !

Méfiance de petit-bourgeois ? Boutade ? La presse va bien évidemment s'en emparer pour souligner la « rapacité » de madame Meneghini-Callas.

À l'aéroport, Maria, qui est accueillie par une foule immense, est rassurée. Dans le salon réservé aux personnalités, elle retrouve son père qui l'attendait avec impatience ainsi que Rudolf Bing accompagné de Dario Soria, le président de la maison de disques, EMI. Tous les représentants des plus importants médias sont là, qui se bousculent. Flashs, applaudissements, gerbes de fleurs… On crie son nom, elle sourit, elle se prête à une conférence de presse improvisée avec bonne humeur. Maria veut séduire !

D'autant qu'à New York, elle le sait, il y a deux autres divas très bien installées : Zinka Milanov et… Renata Tebaldi que les Américains adorent. D'autre part, la réputation de Maria n'est pas des plus glorieuses. On la dit capricieuse et volontiers agressive. Bref, le terrain est miné, et dès le lendemain de son arrivée, Maria peut en juger.

Le *Times Magazine*, l'un des plus célèbres hebdomadaires de la presse new-yorkaise, lui consacre un long papier entrecoupé de propos que la chanteuse aurait accordés au journaliste. En quelques lignes, la vieille rivalité Callas-Tebaldi est ravivée avec un parti pris évident du magazine pour la seconde. Parlant de Tebaldi, Callas aurait déclaré : « C'est certainement une artiste, mais elle n'a pas de colonne vertébrale. »

Immédiatement, la Tebaldi demande un droit de réponse repris par toute la presse dans lequel elle laisse entendre que Callas est une femme jalouse et insupportable. « Madame Callas affirme avoir du tempérament et assure que je n'ai pas d'épine dorsale. C'est possible, mais, à mon tour, j'affirme posséder une qualité dont cette dame est entièrement dépourvue, le cœur. »

Pendant que la guerre des divas s'enflamme, Maria débute les répétitions de *Norma* et, très vite, se montre insatisfaite de l'ensemble de la production. Habituée au luxe de la Scala, à des mises en scènes somptueuses ainsi qu'à des costumes neufs et sur mesure, elle est en pleine déconvenue. Les décors sont poussiéreux. La mise en scène manque d'imagination. Faut-il se résigner ?

Maria compense sa déception par le travail avec Fausto Cleva, le maestro qui ne peut qu'admirer sa rigueur, son énergie, son endurance. Rien ne lui échappe, rien n'est laissé au hasard.

Pourtant, alors que Maria répète avec ses partenaires, la cabale lancée contre elle, dès son arrivée, prend de plus en plus d'ampleur. Et c'est encore le *Times Magazine* qui se montre le plus agressif. Deux jours avant la première de *Norma*, le magazine fait sa couverture avec le portrait de Callas mais, hélas, le contenu des différents articles qui la concernent est catastrophique. Il y a d'abord cette enquête qui, sous prétexte de résumer sa vie, n'est qu'une succession de coups portés contre elle. Des journalistes dépêchés sur ses traces soulignent les propos, la plupart du temps malveillants, de ceux qui l'auraient rencontrée. Si l'article ne peut faire l'impasse sur les qualités vocales de la chanteuse, très vite il dérape et remet en pleine lumière sa rivalité avec la Tebaldi : « Un caractère impitoyable et haineux de la star que tous ses partenaires détestent. (…) Proche est le moment où elle devra chanter seule ! »

Plus loin, le même magazine publie également une interview… d'Evangelia. Maria la capricieuse, la méchante, l'égoïste, la jalouse devient Maria la fille indigne ! La mère affirme que sa fille ne l'aime pas. Son vœu le plus cher est d'aller la voir sur scène, mais elle n'en a pas les moyens et Maria refuse de lui donner des places ou de l'argent. « Elle nous laisse mourir de faim ! » et pour donner plus de poids à ses affirmations, Evangelia confie au journaliste la lettre que Maria lui avait écrite en 1949, où elle l'invitait à aller se jeter dans la rivière… Lettre que le *Times Magazine* ne manque pas de publier. « Je n'ai pas mis au monde ma fille pour rien ! Elle est née pour m'entretenir ! »

La sortie de ce numéro fait l'effet d'une bombe et Maria Callas entre dans une colère folle.

Puisque c'est ainsi, elle va retourner en Italie! Une menace sans suite, qui sera, bien sûr, démentie après une mise au point qui n'épargne personne.

Concernant d'abord ses partenaires, « il est faux d'affirmer qu'après les représentations j'essaye de paraître seule sur l'avant-scène. Bien des fois, j'y ai envoyé des collègues même s'ils n'y avaient pas droit. » Par ailleurs, « il est vrai que vers la fin de 1950, ma mère m'a réclamé de l'argent et que je le lui ai refusé. Peu de temps auparavant, je l'avais invitée à me suivre à Mexico. Là, je lui ai acheté un manteau de vison et bien d'autres choses. J'ai remboursé une dette qui s'élevait presque à mille dollars. Je lui ai donné mille autres dollars pour ses dépenses personnelles en lui recommandant de les faire durer un an… Elle pouvait y parvenir car elle disposait aussi de mille cinq cents dollars d'économies. Tout l'argent que j'avais gagné au Mexique, je le lui ai donc donné. Et j'étais contente de le faire. Pourtant, à peine deux mois plus tard, ma mère me réclamait encore de l'argent et je me fâchai. J'étais mariée depuis peu et je ne pouvais peser sans cesse sur mon époux ! » Puis elle ajoute : « Ma mère n'a aimé en moi que ma réussite et a toujours nié ma sensibilité… Savez-vous qu'elle prie tous les jours pour que j'aie un cancer de la gorge ? »

Avec le recul et en regardant la presse de l'époque, dans un contexte politique mondial extrêmement tendu (les chars soviétiques se préparent à casser l'insurrection hongroise et l'affaire de Suez risque de déclencher un nouveau conflit armé entre la France, l'Angleterre et l'Égypte), c'est le combat Callas-Tebaldi qui fait la une de la majorité des quotidiens!

Le 29 octobre, dans une salle prise d'assaut, Maria Callas est Norma. Effet de curiosité ou véritable élan? Toujours est-il que les places se sont vendues en quelques heures. Proposées au marché noir dix fois leur prix, elles se sont arrachées!

Entourée par Mario Del Monaco et Fedora Barbieri, Maria commence à chanter devant un public visiblement hostile. Au début du deuxième acte, la salle murmure. Zinka Milanov vient de faire son entrée. On la reconnaît, on l'applaudit. Mais Maria, imperturbable, continue. Puis, sans qu'ils s'en aperçoivent, les spectateurs se laissent prendre par le magnétisme de cette Norma dont la beauté et le jeu les subjuguent. À la fin du spectacle, totalement conquis, ils réservent seize rappels à Maria! Seize rappels enthousiastes! Lorsque ses partenaires, indignés par l'article du

Times Magazine, la laissent saluer seule pour bien marquer leur amitié et l'admiration qu'ils lui portent, Maria leur offre des fleurs... Le public délire.

Marlene Dietrich vient l'embrasser dans sa loge, puis tout le monde va souper à l'hôtel Ambassador, avec la high society new-yorkaise : un juste dosage de chanteurs et d'armateurs, de commères et de milliardaires, sans oublier quelques incontournables altesses... Maria est heureuse, elle croit avoir vaincu.

D'autant que, quelques jours plus tard, elle remporte un nouveau succès avec *Tosca*, devant une salle pleine à craquer, malgré une presse hostile qui regrette toujours la Tebaldi et qui la dénigre, ne parlant que de son amour... de l'argent !

*

Le 3 décembre, au lendemain de son trente-troisième anniversaire, Maria est sur la scène pour *Lucia di Lammermoor*, le troisième opéra programmé. Mais elle n'est pas en forme – un début de bronchite – et chante, de toute évidence, en dessous de ses possibilités. À défaut d'être ce soir-là très en voix, elle a du métier et s'attache à combler ses défaillances vocales par un jeu de scène brillant. Le public n'est que très moyennement convaincu. Soudain, Enzo Sordello, que Maria avait croisé en 1954 à la Scala pour *La Vestale* et qui chante à ses côtés le rôle d'Enrico, le frère de Lucia, tient un aigu bien plus longtemps que la partition l'exige. Maria, en difficulté, ne peut le suivre et, brusquement, en pleine scène, hurle :

– Basta !

On imagine l'effet produit ! Dans les coulisses, Callas et Sordello ont une sérieuse altercation devant le maestro Cleva venu en renfort pour la soutenir. « Ce sera lui ou moi ! », aurait-elle déclaré à Bing, une fois rentrée dans sa chambre d'hôtel qu'elle refuse de quitter tant que son partenaire ne sera pas renvoyé. Le Met s'incline, renvoie Sordello. Celui-ci, furieux, se fait photographier à la sortie du théâtre déchirant, avec mépris, la photo de la diva. Un cliché que la presse internationale publiera avec délectation. En France, *Le Journal du Dimanche* la légendera en reprenant, mot pour mot, la prière de Sordello « Ô Madonna ! Punissez la Callas, c'est un démon ! »

Et les journalistes ne quittent plus Maria. Jour et nuit, ils la harcèlent : chaque mot qu'elle prononce peut à tout moment se retourner contre elle. En a-t-elle conscience ? Pas sûr. Après tout, elle est célèbre, on s'intéresse à elle et elle se défend, tempête, sourit... Meneghini, dans son sillage, ramasse les petites coupures... et la soigne «avec sollicitude». Il veille jalousement sur elle, ne la quitte pas du regard, même lorsqu'elle est en scène, de ce regard qui signifie : «Oui, oui... tu es la plus grande!»

Parmi les adversaires les plus farouches de la cantatrice, il y a une femme, Elsa Maxwell, dont Pierre-Jean Rémy fait un saisissant portrait, peu flatteur certes, mais convaincu. «Elle est laide, le sait et s'en moque éperdument. Elle est méchante, s'en vante et fait payer les autres. C'est un polichinelle hargneux qui promène ses deux bosses en forme de chignon et ses lunettes de myope dans un monde de chimères, où on prend les millionnaires pour des princes et les princes pour des momies ou des demi-dieux. On l'a dit, l'argent sanctifie tout. Et le baiser de la gorgone Maxwell étouffe qui s'y laisse prendre.»

Elsa Maxwell est une journaliste qui s'est fait une spécialité de l'article au vitriol. Courtisée par celles et ceux qui la redoutent, cette chroniqueuse de soixante-treize ans, qui préfère les femmes aux hommes, a un faible pour la Tebaldi et la défend bec et ongles face à Maria, qui a déjà fait connaissance avec la verve venimeuse de la commère lors de son premier séjour à Chicago. Pour la Maxwell, « Callas n'est qu'une

fille qui a bâti sa carrière sur un scandale ! »
«Callas ? Une diva dévoyée ! »

Les deux femmes vont pourtant se croiser lors d'une soirée donnée au Waldorf-Astoria de New York. C'est Maria qui a demandé à la rencontrer. Elle n'est que charme et courtoisie devant une Elsa foudroyée qui lui trouve sur-le-champ «des yeux étonnés qui rayonnent d'une lueur quasiment hypnotique».

En quelques minutes, la journaliste la plus crainte de toute la presse new-yorkaise vient d'entrer dans la vie de Maria. Et dès le lendemain, comme par enchantement, les articles désobligeants sur la Callas disparaissent au détriment de la Tebaldi, devenue, à la réflexion, une bonne cantatrice, sans plus !

La rencontre avec Elsa Maxwell ouvre, en une soirée, un monde nouveau à Maria, celui des *beautiful people* qu'elle ne connaissait pas et qui va l'accueillir à un bal costumé où elle arrive en Cléopâtre, couverte des diamants de la nouvelle collection du bijoutier Harry Winston. Portant autour du cou et des poignets des millions de dollars de pierres précieuses, elle est flamboyante. Les flashs crépitent. La photo paraît dans le monde entier. Souveraine de l'opéra, Maria est devenue, à New York, reine de la jet-set.

Mais les Meneghini doivent repartir. Tous

flashs éteints, si l'on fait le bilan de ce séjour new-yorkais, il n'a pas été de tout repos ni des plus glorieux. Maria en est parfaitement consciente lorsqu'elle lance à Rudolf Bing : « Je n'étais pas en forme. Je n'ai pas pu vous donner ce que d'autres théâtres ont pu avoir et j'en suis profondément désolée. J'espère y parvenir l'année prochaine ! » Effectivement, Bing et Meneghini, avant de se quitter, les comptes étant faits, signent pour une nouvelle saison…

19

PRIMA DONNA ASSOLUTA

Une diva ?
« Oh ! Je le suis et j'en suis ravie ! »

Maria rentre enfin chez elle, à Milan, dans cette grande maison qu'elle a achetée peu avant son engagement à la Scala et qu'elle aménage de meubles anciens et de tableaux de maîtres quand son métier lui en laisse du temps. Mais la diva est épuisée. Les voyages, les répétitions, les prises de risque à chaque rôle qu'elle cherche constamment à améliorer, en donnant toujours le meilleur d'elle-même… et puis maintenant ces procès, ces scandales qu'une certaine presse monte de toutes pièces pour augmenter ses tirages !

Car Maria est désormais une « star » mondiale et comme Brigitte Bardot, Elizabeth Taylor ou d'autres égéries de son époque, elle fait l'objet de toutes les curiosités, de tous les on-dit, de toutes les mesquineries. Le séjour à New York en fut une preuve. Or, toute cette agitation, cette agressivité autour d'elle, Maria ne l'a pas voulue. Si à l'époque où elle n'était qu'une toute petite débutante au côté d'Elvira de Hidalgo, elle désirait devenir la première cantatrice de son temps, elle ne s'était certes pas préparée au prix à payer pour cette « rançon de la gloire ».

Et Maria est à bout de nerfs. Ses médecins lui prescrivent du repos. Mais elle a trop d'engagements, tous signés avant son départ pour les États-Unis qu'elle souhaite honorer. Alors tant pis pour la santé, on s'en occupera plus tard. De toute façon, elle doit repartir pour New York, hélas, non pour chanter mais afin de comparaître devant le juge pour l'affaire Bagarozy ! Le 12 janvier 1957, elle y est. Et comme il serait dommage de ne pas en profiter pour gagner un peu d'argent, elle accepte un concert à Chicago, trois jours plus tard, dans une ville où elle avait promis, pourtant, de ne plus jamais remettre les pieds. Mais peut-on résister à un cachet de huit mille dollars ?

Celle que l'on disait affaiblie, fatiguée, au bord de la dépression nerveuse apparaît devant un public trié sur le volet, en robe de velours rouge et chante quelques-uns des grands airs des opéras qui ont fait sa gloire : *La Sonnambula,*

Turandot, Norma, et *Lucia*. Maria est « explosive », inégalable, sublime.

Et déjà la voilà repartie pour l'Italie où, cette année-là, ne faisant pas l'ouverture de la Scala, elle assiste comme spectatrice à la première mondiale du *Dialogue des Carmélites* de Francis Poulenc, adapté de l'œuvre de Bernanos. Sa simple présence est un événement. Le lendemain, sa photo est partout. On adore ses nouvelles lunettes noires incrustées de dizaines de diamants !

À la fin du mois de janvier, Maria, Meneghini et son caniche s'envolent pour Londres où leur arrivée est annoncée depuis plusieurs jours par la presse. Elle y sera Norma, le 2 et le 6 février à Covent Garden. Au Savoy, la suite qu'elle occupe est noyée de roses. L'Angleterre l'adore. Jusqu'à cet employé des douanes à l'aéroport qui, apprenant que Jacques Bourgeois, le critique d'*Arts*, vient pour l'écouter, déclare :

– La Callas, elle est fantastique !

Et c'est vrai. Jamais elle n'a été aussi belle, et jamais elle n'a chanté aussi miraculeusement. Entourée de Giuseppe Vertecchi et Nicola Zaccaria, dirigée par le maestro John Pritchard, elle fait un triomphe ! Pour la première fois depuis un quart de siècle, le public de Covent

Garden, perdant tout self-control, réclame inlassablement un bis...

Dans sa revue, Jacques Bourgeois écrira : « Elle chante avec une sensibilité exquise, des demi-teintes bouleversantes, et avec une intensité d'expression inégalable... Elle termine dans une beauté sonore dont aucune description ne peut donner idée... Soudain, l'on comprend comment l'opéra a pu devenir un genre ridicule avec la disparition des grands monstres sacrés de la scène lyrique et comment cette convention peut toujours être recréée par le génie. »

Il est suivi par le critique du *Times* qui s'exclame : « Personne ne peut chanter comme Maria Callas. C'est l'art qui cache l'art. »

Oubliée la déprime, disparue la fatigue ! Le lendemain de la dernière de *Norma*, elle entre en studio, toujours à Londres, pour y enregistrer l'intégrale du *Barbiere di Siviglia*.

Et c'est déjà le retour à Milan. Le public de la Scala l'attend pour trois œuvres, toutes mises en scène par celui qui avait tant servi Maria : Luchino Visconti. D'abord une reprise de *La Sonnambula*, dirigée successivement par les chefs Votto et Bernstein, pendant tout le mois de mars, puis deux créations, *Anna Bolena* de Donizetti en avril et *Ifigenia in Tauride*, de Gluck, en juin.

En presque dix ans, Callas avait réussi à imposer une nouvelle manière de chanter Bellini et Rossini. Du premier, elle avait découvert l'essence même de la musique à travers trois rôles : Elvira dans *I Puritani*, Amina dans *La Sonnambula* et Norma. Quant à Rossini, elle avait brillamment démontré sa manière de l'approcher avec *Il Turco in Italia*. Restait Donizetti, dont elle avait déjà ressuscité *Lucia di Lammermoor*, en lui redonnant une expression dramatique sur une ligne mélodique agile du chant et en la libérant, en même temps, de ses fausses traditions. Maria avait même imaginé, un temps, reprendre la version originale dépourvue des notes suraiguës que l'on chantait alors mais qui n'avaient jamais été écrites par le compositeur.

En exhumant *Anna Bolena*, créée en 1830 mais qui n'avait pas été donnée depuis 1873 si ce n'est par Leyla Gencer en 1956, à Bergame, pour un seul soir, Maria s'attaque à un nouveau défi. Mais dans cette aventure, elle n'est pas seule. Le maestro Gavazzeni, grand spécialiste de la musique de Donizetti, l'accompagne. Et puis, c'est Visconti qui met en scène !

Le premier mérite de ce trio est de jouer la carte du mélodrame avec tous ses artifices mais en lui donnant non pas les couleurs d'une

181

convention, mais les secrets de cette convention. Anna Bolena permet à Callas un éventail expressif qu'elle développe jusqu'au bout sans la moindre réserve, avec cette urgence dans le message qu'elle parvient à transmettre à sa partenaire, Giulietta Simionato, qui chante Jeanne Seymour.

L'histoire est celle du roi Henri VIII d'Angleterre qui désire plus que tout un héritier mâle. Après un premier divorce d'avec Catherine d'Aragon, il épouse Anne Boleyn dans cet espoir. Mais celle-ci le déçoit. Le roi projette donc de s'en séparer en l'accusant de trahison. C'est à ce moment que commence l'œuvre, qui évoque la solitude de cette femme amoureuse qui, sachant qu'elle va mourir sous la hache du bourreau, se confie à sa meilleure amie, celle qui bientôt prendra sa place.

Dans ce nouveau rôle, Callas d'une beauté flagrante, en robe sombre et coiffe blanche, des bagues à chaque doigt, va utiliser tous les registres, du murmure au hurlement de révolte et d'effroi, pour exprimer les souffrances et les angoisses de la reine répudiée. Vingt minutes d'applaudissements couronneront cet exploit qui précède d'un mois à peine *Ifigenia*.

Iphigénie, prêtresse d'Artémis que l'on veut obliger à tuer son frère qu'elle finira par défendre est, comme Alceste ou Medea, un personnage qui a séduit les plus grandes cantatrices. Visconti, qui ne veut pas l'inscrire dans le cadre d'une tragédie grecque, a replacé l'œuvre à la fin du XVIIIe siècle, l'époque de sa composition. C'est une démarche alors parfaitement révolutionnaire et Maria, après avoir un temps hésité, joue le jeu. Visconti la couvre de perles, la revêt d'un manteau de vingt mètres de long et la couronne d'un croissant de lune, symbole d'Artémis, la déesse de la chasse et de la nuit.

Mais, pour une fois, le public est réticent. L'enthousiasme est modéré et la critique tout aussi mesurée. Bref, on s'ennuie !

Est-ce en raison de ce demi-succès que Maria ne voudra plus retravailler avec Visconti ?

Certains l'ont affirmé. On a dit aussi que, fort prude, elle l'aurait, par la suite, évité, ayant appris son homosexualité. Supposition hasardeuse. S'il est vrai qu'elle a toujours refusé les rôles que Visconti lui proposait pour le cinéma (il rêvait d'une *Traviata* avec elle à l'écran) et qu'elle a de même refusé *Salomea* ou la maréchale du *Rosenkavalier*, « parce qu'elle ne les aimait pas et donc qu'elle n'y croyait pas », jamais ils ne furent fâchés. Pour preuve, cette lettre écrite par Luchino le 2 janvier 1958.

« Chère Maria,

Dans l'impossibilité d'être au théâtre ce soir

car les répétitions me retiennent à l'Eliseo, je t'envoie tous mes vœux, toujours aussi fervents, et particulièrement nostalgiques à l'occasion de cette *Norma* à l'Opéra de Rome.

Que le temps a passé ; mais même les années n'ont pas réussi ne serait-ce qu'à égratigner mon admiration, mon immense dévotion, et toute mon affection, mon amitié pour toi.

Ce soir, aussi, aux applaudissements certainement enthousiastes du public qui te réservera l'accueil habituel, je joins les miens, de la loge de la rangée 2a à droite, avec le même élan et l'enthousiasme d'hier, de toujours ! »

Il semblerait que ce soit leurs nombreux engagements, comme l'évolution de la carrière de Maria, qui interrompirent cette fabuleuse association.

Le rideau est à peine tombé sur la dernière d'*Ifigenia* que déjà Maria reprend le fol enchaînement de ses divers engagements avec l'équipe de la Scala : Zurich, Cologne, où elle fait l'ouverture du nouvel Opéra de la ville, l'ancien ayant été bombardé par les Alliés, avec deux *Sonnambula* qui précèdent, à Milan, l'enregistrement de plusieurs disques sous la direction de son vieil ami Tullio Serafin. Trois intégrales : *Turandot*, *Manon Lescaut* (qu'elle ne chantera jamais sur scène) suivis, un peu plus tard, de

Medea. Enfin, cinq jours après ce marathon épui-
sant, elle arrive à Athènes pour y donner un
concert.

20

UNE CASCADE DE MALENTENDUS

« On me place si haut que la chute sera terrible ! »

En douze ans, la jeune et boulotte Maria Kalogeropoulos est devenue « la » Callas, prima donna assoluta, belle, mince, sublime.

Et, depuis longtemps, la Grèce la réclame. Devant cette insistance et peut-être aussi pour le plaisir de revenir auréolée de gloire dans un pays qui l'a laissée partir, Maria, bien que totalement épuisée, a dit oui. Elle participera au festival d'Athènes et elle débarque dans le port du Pirée le 28 juillet.

L'accueil officiel est forcément chaleureux, celui de la presse l'est beaucoup moins. La plupart des journaux ont repris les propos tenus par Evangelia dans le *Times Magazine*. Maria arrive donc dans sa patrie avec une réputation de fille indigne et ingrate, associée à une image de diva capricieuse et avare.

C'est dans ce climat délétère que Maria, fatiguée, s'installe avec son époux dans l'un des palaces de la capitale. En ce milieu d'été, il fait une chaleur accablante et très sèche qu'un vent violent entretient. Les travaux entrepris à proximité de l'hôtel n'arrangent rien. Maria est nerveuse, anxieuse. Pourtant, c'est avec une certaine joie qu'elle retrouve le théâtre d'Hérode Atticus, au pied de l'Acropole, là où elle avait remporté son premier succès avec *Fidelio*. Les répétitions sont difficiles. Malgré un programme préparé sur mesure, avec des extraits du *Trovatore*, de *Tristan und Isolde*, de *Lucia di Lammermoor* et de *La Forza del destino*, Maria a des problèmes de voix et ces derniers ne s'arrangent pas avec le climat.

Le soir de la première, dans sa chambre d'hôtel, elle est effondrée. Sa voix ne lui obéit plus. Pour la première fois de sa vie elle décide de ne pas chanter.

Les organisateurs sont catastrophés. Le théâtre, à une heure du lever de rideau, est déjà presque plein. On la supplie de paraître tout de même sur scène et de faire elle-même l'annonce de son annulation. Maria refuse. Maria ne chantera pas. Maria ne viendra pas.

Le tollé est général. On prend ce forfait pour un caprice. La presse se déchaîne et l'accuse d'oublier qu'elle est grecque et, dans la foulée, lui reproche son cachet : neuf mille dollars pour chanter une seule soirée dans un pays qui ne s'est pas remis des privations de la guerre... C'est une véritable provocation ! On en parle jusqu'à la Chambre des députés. Le gouvernement Karamanlis est obligé de se justifier. Devant un tel scandale, Maria, qui va mieux, annonce qu'elle chantera finalement le 5 août, dans le même lieu, le même programme.

Le soir venu, elle entre en scène, visiblement très tendue. Dès le début, elle se protège, évite de prendre des risques et sa voix tient. Maria chante bien. Mais pour la première fois, elle a un trou de mémoire, qu'on lui pardonne. À la fin du spectacle, tout est oublié, l'annulation, le cachet... Debout, le public l'ovationne. Au rang d'honneur, le premier ministre Karamanlis est extatique et, un peu plus loin, Elvira de Hidalgo pleure.

Trois jours plus tard, la famille Meneghini est de retour à Milan. Maria est à bout de forces. Les médecins, unanimes, déclarent qu'elle doit se reposer et cesser de courir le monde. Elle a trop maigri, ses nerfs sont à vif, sa tension beaucoup trop faible. De surcroît, son moral est au plus bas depuis qu'elle sait qu'elle ne sera jamais mère. Les examens sont formels. Une malformation de l'utérus rend toute grossesse illusoire : « Madame Meneghini-Callas, qui présente tous les symptômes d'épuisement nerveux grave et de troubles physiques appuyés, causés par un travail trop intensif, doit observer une période de repos absolu de trente jours minimum », déclare le professeur Semerano.

Mais Maria s'est engagée. Quatre *Sonnambula* l'attendent en Écosse, à Édimbourg, avec toute l'équipe de la Scala. Meneghini tente alors d'arranger les choses, présente le certificat. Impossible, lui répond-on. Commence alors une longue et larmoyante négociation en forme de supplique adressée à Maria. La Scala lui vouera une éternelle reconnaissance si elle consent à honorer ses contrats. N'a-t-elle pas triomphé à Chicago, quinze petits jours seulement après sa méforme à New York ? Finalement, contre l'avis de tous ses proches, Maria se laisse convaincre pour... une fois arrivée en Écosse, s'apercevoir qu'on l'a trompée.

Le théâtre l'a programmée non pour quatre mais pour cinq représentations. Le soir de la première, elle se sent si faible qu'elle demande à être remplacée par la jeune Renata Scotto. Refus. Les mille cinq cents spectateurs ont payé cher pour voir Callas, et ils vont la voir, en piteux état !

Deux jours plus tard, appuyée par le corps médical, Maria tente une nouvelle fois de se faire remplacer. En vain. Puisant au plus profond d'elle-même des ressources insoupçonnées, elle sera tout de même à la hauteur de sa réputation pour trois des quatre représentations.

Et le 30 août, au bord de l'hospitalisation, elle fait ses valises pour l'Italie où elle a prévu, depuis longtemps, de prendre quelques jours de repos à Venise auprès de son « amie » Elsa Maxwell ; celle-ci a organisé en son honneur un magnifique bal masqué attendu par toute la jet-set qui s'y est donné rendez-vous.

Lorsque le directeur du King's Theater apprend le départ de la cantatrice, il se précipite à son hôtel. Les Meneghini auraient-ils oublié la cinquième *Sonnambula* qui doit se jouer le 3 septembre ?

– Par qui ? demande Meneghini, tendant le contrat signé par Maria avec la Scala pour quatre représentations.

Un peu gênée, la direction de la Scala supplie Maria de l'aider. Mais elle n'en peut plus. C'est non ! Ghiringhelli, resté à Milan, tente un compromis. Peine perdue. Et Maria prend le premier train pour Londres afin de s'envoler vers l'Italie.

C'est finalement Renata Scotto qui chantera la *Sonnambula* le 3 septembre. La Scala justifiera l'absence de Callas par des raisons de santé, occultant l'affaire du contrat.

De son côté, le directeur du théâtre écossais rédige un communiqué pour le moins ambigu, qui dit : « Maria Callas nous ayant fourni un certificat médical, nous ne pouvions faire autrement que de lui rendre sa liberté. Il est exact selon certaines rumeurs qu'elle serait attendue à Venise pour une grande réception. Mais elle n'est pas bien et je crois qu'il serait sage pour elle de s'abstenir... Si elle nous avait quittés pour des raisons autres que médicales, il pourrait y avoir rupture de contrat. »

Unanime, la presse ne voit là qu'un nouveau caprice de la diva !

À Venise, Elsa Maxwell a tenu sa promesse. La fête qu'elle a organisée est tout simplement magique. Dans l'hôtel Danieli, on croise Arturo Rubinstein et son épouse, l'acteur Henry Fonda, le prince Ruspoli, mais aussi la Bégum et... Aristote Onassis, pour ne citer qu'eux.

Comment Maria résisterait-elle à tant d'admiration, de cadeaux, de privilèges ? Elle est arrivée épuisée sur les bords de la lagune, mais les rires, le champagne, le bal… tout ce tourbillon de luxe a très vite effacé les soucis de Maria qui resplendit.

Et bien évidemment, dès le lendemain, les photos de Callas, « reine de Venise », paraissent dans la presse du monde entier. Et c'est un nouveau scandale. « Au lieu de se reposer, la diva a choisi de s'amuser. » Les journaux anglais sont les plus virulents et les plus… vulgaires. « La tigresse a laissé tomber l'Angleterre pour aller faire la bringue à Venise. […] Malade, Callas ? Elle n'avait plus de voix ? Elle tremblait de fièvre ? Vous voulez rire sans doute ! Car elle avait assez d'énergie pour accepter les invitations d'Elsa Maxwell, cette horrible maquerelle qui fait et défait les réputations dans des articles et ses réceptions. Regardez les photos, elle n'a jamais eu meilleure mine ! »

Bientôt, l'affaire prend des proportions démesurées. D'autant qu'Elsa Maxwell, sa « meilleure amie », raconte à qui veut l'entendre que Callas a annulé Édimbourg pour répondre à son invitation !

Devant cette polémique, la Scala se tait. Un silence qui met Maria hors d'elle. Elle appelle Antonio Ghiringhelli, lui demande de rétablir les faits, mais le surintendant l'ignore. Alors Callas lance un ultimatum : si Ghiringhelli ne rétablit pas la vérité, elle ne remettra jamais plus les pieds à la Scala ! Il promet et ne bouge pas. Le 15 octobre, ils se rencontrent. Ghiringhelli réitère ses engagements, sans plus de résultat. Le 5 novembre, Maria, au bord de la crise de nerfs, arrive une nouvelle fois dans le bureau de l'intendant. Elle exige un démenti sur-le-champ. Puis, comprenant qu'il ne cédera jamais, décide d'écrire elle-même un long article où, par le menu, elle rétablira la vérité.

En fait, si elle tient tant à ce démenti, c'est que cette histoire en a engendré une autre. Maria devait se rendre en septembre à San Francisco pour y chanter *Lucia di Lammermoor* et *Macbeth*. Elle avait télégraphié alors à Kurt Herbert Adler, le directeur de l'Opéra, pour lui expliquer sa fatigue et lui demander de reculer de quinze jours le début des représentations. Mais Adler, qui avait suivi la presse, ne croit pas un instant cette version. Pour lui, Callas fait un nouveau caprice. Et puisque c'est ainsi, il annule tous les spectacles, y compris ceux d'octobre. Il annule tout ! Callas ne chantera pas à San Francisco. Et la presse s'empare avec délectation de ce nouveau scandale...

Pourtant, soulagée d'avoir pu s'exprimer avec les journalistes, Maria, qui semble reposée, part pour Dallas à la mi-novembre. À peine a-t-elle posé le pied sur le sol de la capitale texane qu'elle voit inscrit en grosses lettres, sur des banderoles, ces mots qui la ravissent : « Dallas pour Callas ». Un slogan qui en dit long sur sa popularité !

Le 21 novembre, elle chante des extraits de *L'Enlèvement au Sérail*, d'*Anna Bolena*, de *La Traviata*, des *Puritani* et de *Macbeth*, et semble avoir retrouvé quelques forces.

Au final, c'est un triomphe qui coïncide très heureusement avec la fin de l'affaire Bagarozy. Le bel Eddie, qui n'est pas parvenu à convaincre le président du tribunal, mourra un an plus tard, sans avoir touché un dollar.

Début décembre, Maria est de retour à Milan pour l'ouverture de la saison de la Scala. Ses rapports avec Ghiringhelli ne se sont pas améliorés. Mais Maria est sous contrat. Elle est donc prête pour commencer les répétitions d'Amelia dans *Un ballo in maschera* de Verdi, une œuvre inspirée par l'assassinat du roi de Suède Gustave III. Un nouveau rôle pour elle.

Mais l'ambiance n'est pas bonne. Maria est toujours fatiguée et les médecins toujours inquiets. Margherita Wallmann, qui dirige la mise en scène, ne peut éviter les altercations entre Callas et Di Stefano qui manquerait, selon elle, de «vérité dramatique»! Vexé, celui-ci déserte une bonne partie des répétitions. D'autre part, comme Maria a encore maigri, ses costumes sont trop larges. Il faut les reprendre. Et le temps manque.

Pourtant la première, le 7 décembre, est une formidable réussite. Callas reste la reine de la Scala et avec Amelia, l'un de ses personnages dramatiques les plus intenses, prouve, s'il le fallait encore, ses immenses possibilités vocales : «Elle déploya ce génie particulier selon lequel elle parvient à s'identifier à la pensée mélodique du compositeur, recréant l'œuvre avec lui… On peut dire que Callas possède sur la musique le même pouvoir que Toscanini… Servie par un physique étonnant qu'elle s'est minutieusement construit au cours des années qui viennent de s'écouler, elle "existe" sur la scène avec une intensité qu'aucune autre tragédienne ne peut revendiquer à notre époque… Callas demeurera, sans aucun doute, comme une des artistes les plus complètes de l'histoire du théâtre», écrit Jacques Bourgeois dans *Arts*.

Les quatre représentations suivantes seront tout aussi excellentes. C'est donc après un enregistrement de «Casta diva» pour la RAI que Maria, assez sûre d'elle, prépare *Norma* qui doit faire la réouverture de l'Opéra de Rome enfin rénové.

21

L'AFFAIRE ROMAINE

« Je ne vous oublierai pas.
Gentils, gentils Parisiens ! »

Maria, qui avait fêté le Nouvel An avec son mari et quelques amis à l'hôtel Quirinal, tout proche de l'Opéra, déclarera plus tard : « À une heure du matin, j'étais au lit. Je dormis tranquillement jusqu'à onze heures. Je me levai, j'ouvris la bouche, je ne parvins pas à émettre un seul son, une seule parole. J'étais complètement aphone, muette. Je n'avais plus de voix. »

Cataplasmes, anti-inflammatoires et somnifères. Le directeur du théâtre se précipite à son chevet. Le 2 janvier 1958, à midi, la voix est revenue ; un peu plus tard, elle disparaît à nouveau…

« Je regardais les aiguilles de la montre qui avançaient implacablement. J'essayais ma voix qui s'en allait en charpie. Je me sentais envahie par la terreur… »

Elsa Maxwell est là, conseille, rassure, caresse. En fin d'après-midi, Maria va au théâtre. Quinine, piqûre excitante « à réveiller un mort »… c'est le traitement que le médecin, arrivé en catastrophe, inflige à la chanteuse avant le lever du rideau.

Dans la salle, deux mille cinq cents personnes attendent impatiemment Callas qui entre en scène et parvient, non sans mal, jusqu'à la quatrième scène, qu'elle attaque au prix d'énormes difficultés. Mais arrivée à « Casta diva », la cabalette, elle ne peut poursuivre et sort de scène pour s'enfermer dans sa loge : « J'avais pris ma décision, je ne continuerais pas. Le rideau tomba. Ils vinrent me chercher pour m'entraîner contre ma volonté sur scène… Je m'enfermai dans la loge, bien décidée à n'en point sortir. »

De l'autre côté de la porte, on la presse, on la supplie : le président de la République est là. Elle ne peut pas faire ça ! Meneghini pense devenir fou, Elsa Maxwell parle… parle… et l'entracte dure, n'en finit plus… Faute de doublure ! Dans la loge de Callas, c'est l'effondrement ; dans la salle, le public commence à s'inquiéter. Enfin le rideau s'entrouvre, laissant passer un régisseur tremblant qui annonce :

– Madame Meneghini-Callas est souffrante et ne peut continuer la représentation.

Le public siffle : « encore un caprice de la diva qui se permet d'insulter le président de la République ! » Les plus furieux l'attendent à la sortie des artistes pour l'injurier. D'autres iront même sous ses fenêtres pour hurler tard dans la nuit leur colère. Le lendemain, la presse est ignoble.

« Elle a fomenté l'opération pour se faire de la publicité ! » « Il y a une semaine, Maria Callas était nommée commandeur de l'ordre de la République, eh bien, hier soir, elle a renvoyé chez lui le président. » « Cette médiocre artiste grecque, lit-on dans *Il Giorno* de Milan, devenue italienne par son mariage, milanaise par l'administration injustifiée de certaines loges de la Scala, internationale à la suite de la dangereuse amitié d'Elsa Maxwell, a pu suivre pendant plusieurs années la voie de la débauche la plus mélodramatique. Mais cet épisode montre que Maria Meneghini-Callas est aussi une cantatrice désagréable qui piétine le sens le plus élémentaire de la discipline et de la correction. »

Maria dira : « Le moment était bon pour me traîner dans la boue. L'occasion était favorable pour me faire payer cher le succès de tant d'années. Ainsi, cette femme était parvenue à s'affirmer aussi fortement dans le monde de la musique par le seul soutien de sa voix ; que pouvait-il y avoir de plus divertissant que de l'écraser, de la piétiner au moment même où elle n'avait plus de voix pour se faire entendre ? »

Et Elsa Maxwell attise la querelle en écrivant : « Les Romains sont des barbares qui constituent le public le plus cruel du monde. Si Maria suit mon conseil, elle ne se produira plus jamais devant eux ! »

Outré par ces déclarations, le ministre de l'Intérieur italien envoie une protestation officielle à l'ambassade des États-Unis ! On renvoie Maxwell chez elle… qui reçoit, avant son départ, une gigantesque gerbe de fleurs des journalistes romains, signée de la part des « crétins et des barbares de Rome ».

Effondrée, Maria écrit une lettre d'excuses au président de la République italienne, lui demandant de lui pardonner son extinction de voix. Un pardon qui lui parviendra par retour du courrier sous la forme d'un… gigantesque bouquet de roses !

Toutefois, les choses ne sont pas si faciles avec l'Opéra de Rome qui a réussi à la remplacer par Anita Cerquetti pour les trois autres représentations mais qui fera un procès, chacune des deux parties réclamant à l'autre des sommes astronomiques pour rupture de contrat. Le verdict ne sera rendu qu'en 1971, treize ans plus tard, au bénéfice de Maria, certes, mais lorsque le scandale sera oublié ! Pour l'heure, l'opinion publique penche plutôt pour un éclat dû à la susceptibilité de Maria, qui n'aurait pas supporté quelques quolibets remettant en question ses qualités vocales.

Heureusement, elle doit bientôt partir pour donner un concert à l'Opéra de Chicago suivi de *La Traviata*, *Lucia di Lammermoor* et *Tosca*, au Met.

Le 18, elle fait escale à Paris. Son arrivée à Orly, en milieu d'après-midi, est fracassante. Sa venue est annoncée par la presse. *France Soir* a évoqué sa maison milanaise « ornée de meubles antiques, décorée de tableaux de Fragonard, Titien, Degas et Fra Angelico », décrit sa garde-robe, qui comprend notamment « trente-six fourrures, deux cents robes et trois cents chapeaux ». À l'aéroport, les policiers sont en grande tenue, Jean-Claude Pascal l'accueille avec un énorme bouquet d'orchidées, cerné par plus de deux cents journalistes et reporters qui trépignent. Maria, débordante de bonne volonté, donne aussitôt une conférence de presse. « La plus grande diva du monde, la soprano qui a soulevé la colère de Rome » s'exprime dans un excellent français. Elle remercie la France de l'avoir soutenue dans cette délicate affaire et émet le souhait de revenir bientôt y chanter. Avant de quitter l'aéroport, elle déclare avec un large sourire :

« Je ne vous oublierai pas. Gentils, gentils Parisiens ! »

Puis elle s'engouffre dans une limousine blanche et part se reposer quelques heures au Crillon. À vingt-trois heures, elle s'envole pour l'Amérique, faisant retarder l'avion de plusieurs minutes parce qu'elle refuse de se séparer de son cher caniche. Qu'importe. Callas aime Paris et Paris est fou de Callas !

À Chicago, le 22 janvier, pour un cachet de douze mille dollars tout de même, elle chante un programme brillant, composé des extraits du *Barbiere di Siviglia*, de *Don Giovanni*, de *Macbeth*, d'*Hamlet* et de *Nabucco*. Maria a retrouvé toute sa voix. Maria est inouïe. Début février, elle commence sa promotion afin de se refaire une image par une apparition dans l'émission d'Ed Murrows, l'un des plus célèbres présentateurs-vedettes de la télévision américaine. Selon l'habitude aux États-Unis, on ne lui évite aucune question, des plus professionnelles aux plus provocantes. Et Callas y répond avec une immense séduction. La diva a du métier. Elle se présente comme une femme simple et humble, intelligente et sensible, une épouse dévouée. Bref, tout ce qu'aiment les Américains ! Et ça marche !

Le soir de la première de *Traviata*, elle ne cesse d'être applaudie du début à la fin de la représentation, où elle est ovationnée pendant une demi-heure ! Un exploit qui va se reproduire pour *Lucia* et *Norma*.

« Je n'oublierai jamais le témoignage vibrant et le grand réconfort que m'ont apportés les Américains », déclare Maria. « Après ce qu'on m'avait fait à Rome… Je me demandais comment j'allais être reçue à New York. Chaque fois le public m'a fait un accueil délirant avant même que je n'ouvre la bouche, à tel point que je me suis inquiétée ; comment chanter suffisamment bien pour le remercier ? »

En revenant l'année prochaine, par exemple…

Oui, mais Callas pose ses conditions à Bing. Elle souhaite donner une série de représentations de *Macbeth* et une autre de *Traviata*. L'administrateur désirerait plutôt la voir alterner *Traviata* et *Macbeth*. Ce à quoi Maria, impériale, répond : « Ma voix n'est pas un ascenseur ! » Pendant des années, elle a pourtant démontré le contraire… Mais depuis l'été dernier, elle commence à s'inquiéter. Il y a eu trop d'accidents, et puis l'épisode romain l'a traumatisée.

Elle ne veut plus prendre de risques. Alors, pour le moment, on ne décide rien, on verra plus tard.

Et Maria repart vers l'Europe. À Madrid d'abord, pour un concert semblable à celui qu'elle vient de donner à Chicago, puis à Lisbonne pour deux *Traviata*. Enfin, début avril, elle est sur la scène de la Scala, où elle chante cinq *Anna Bolena*, avant de proposer *Il Pirata* de Bellini où elle sera Imogène pour cinq soirées entre le 19 et le 31 mai.

22

LE DÉSAMOUR

« Ah ! Mon sort est réglé… »

L'Italie n'étant pas l'Amérique, l'affaire de Rome n'est toujours pas oubliée. Maria est devenue l'Étrangère. Ghiringhelli, à la Scala, ne lui adresse pratiquement plus la parole et patiente en attendant la fin du contrat qui le lie à elle jusqu'à la fin de la saison. Quant à ses partenaires, trois d'entre eux ont refusé de se produire à ses côtés, craignant pour leur popularité.

Le soir de la première d'*Anna Bolena*, le 9 avril, on imagine le pire. Dans la salle, des policiers en civil se mêlent au public, en cas d'émeute. Quand Callas fait son entrée, un silence glacial l'accueille, là où l'on acclame Simionato et Carturan. Alors, au moment de chanter : « Des juges ? Pour Anne ? Des juges ? Ah ! Mon sort est réglé, si celui qui m'accuse est aussi mon bourreau… Après ma mort, on me rendra justice ! », Callas s'avance et lance ces paroles face au public, qu'elle prend à témoin. Dans la salle, un silence pesant… est suivi d'une folle ovation ! À faire s'écrouler les murs de la Scala.

Lors de sa sortie, la police devra même protéger Maria, mais… contre ses admirateurs frénétiques.

Qu'en pense Ghiringhelli ? À la fin du spectacle, il n'est pas allé la saluer dans sa loge, pas plus qu'il ne le fera les jours suivants qui seront autant de succès pour Maria. Désormais, il semble évident que la rupture est incontournable, à la grande joie des anti-Callas qui ont repris leur entreprise de démolition. Car si Maria a reconquis son public, nombreux sont encore ceux qui ne lui ont rien pardonné. Les lettres anonymes insultantes et graveleuses, les inscriptions grossières sur les murs du théâtre ou de son immeuble se multiplient… On lui mène une vie infernale qu'elle cherche à fuir en décidant de quitter Milan pour s'installer dans une splendide villa, achetée un an auparavant, face au lac de Garde, dans la petite ville de Sirmione. Là, Maria tente de panser ses plaies et répète *Il Pirata, une histoire d'amour dans la lignée des Vespri siciliani.*

Fin avril, pour ses adieux qu'elle pense proches, elle veut frapper un grand coup et faire de cet opéra oublié depuis longtemps un véritable événement, à marquer d'une pierre blanche.

Le public l'a-t-il compris ? Sans aucun doute, à voir son empressement devant les guichets et sa volonté de lui offrir un succès comme elle en a peu connu dans toute sa carrière et qui rend justice à la magie qu'elle dégage. Imogène lui permet de retrouver un rôle plus proche de ceux qui lui ont toujours réussi, et notamment de Norma, dont la couleur comme la tessiture et l'extase presque mystique qui en émanent semblent avoir été écrites pour elle. Acclamée, adulée, elle est quasiment sanctifiée par le public.

Maria, le 31 mai, soir de la dernière du *Pirata*, magnifique, en robe blanche, seule à l'extrême bord de la scène, sous le feu d'un unique projecteur, signera sa sortie de la Scala en chantant, le bras tendu vers la loge de Ghiringhelli « Voici l'échafaud fatal ! ». En signe de représailles, le rideau de fer tombera bien avant la fin des rappels. Mais c'est sur un tapis de fleurs et aux cris de « Reviens, Maria, reviens » que Callas quittera le célèbre théâtre, le cœur gros dans ses fourrures, si seule... dans le flot de ses admirateurs en pleurs.

Le lendemain, elle aura le dernier mot dans un communiqué où elle déclarera qu'elle ne chantera plus à la Scala tant que Ghiringhelli la dirigera.

Savait-elle déjà que pendant deux ans, elle ne se produirait plus sur une scène italienne ? Revoyait-elle, en cette soirée du 31 mai, où une page de sa vie, celle de la Scala, se tournait, quelques-unes de ses cent cinquante-sept représentations sur la scène de ce prestigieux théâtre ? Pour la Scala, elle avait repris des œuvres le plus souvent totalement oubliées et lui en avait réservé l'exclusivité : *Anna Bolena*, *Andrea Chénier*, *Fedora*, *Alceste*, *Ifigenia in Tauride*, *Il Barbiere di Siviglia*, *L'Enlèvement au Sérail*, *La Vestale*, *Un ballo in maschera*, *Macbeth* et *Don Carlo*. Dans chacun de ces ouvrages, mis à part le *Barbiere*, Maria avait été fabuleuse. Avec l'aide des plus grands chefs d'orchestre, Bernstein, Votto, Karajan et Gavazzeni, et des metteurs en scène de génie comme Wallmann, Visconti ou Zeffirelli, elle avait émerveillé un public un peu blasé auquel elle avait offert quelques-uns des plus grands moments de l'histoire du théâtre lyrique du XXe siècle, dont cette *Traviata* de 1955, qui en restera le point d'orgue…

*

Après ces adieux temporaires, Maria quitte l'Italie et se rend à Londres où elle doit participer au concert du centenaire de Covent Garden. Là, aux côtés de Joan Sutherland, elle chante, pour la dernière fois sur scène, la célèbre scène de folie d'Elvira dans *I Puritani* sous les acclamations du public et de la famille royale, que l'on n'avait jamais vue applaudir avec tant de spontanéité.

La semaine suivante, sous la direction de John Pritchard, elle enregistre en public, pour la télévision, quelques airs de *Tosca*. Mais, lorsqu'elle reprend *La Traviata* à Covent Garden à la fin du mois de juin, Nicola Rescigno, qui la dirige, raconte : « Un rhume empêchait Callas d'être au mieux de sa forme vocale et, le soir de la première, le pianissimo qui termine "Addio del passato" sort de manière quelque peu problématique, à cause surtout de la couleur maladive recherchée dans cet acte. Dans les coulisses, il lui conseille de donner la note autrement, en force par exemple, ce que presque toutes les chanteuses faisaient sans trop de scrupule. À la seconde représentation, le petit accident se reproduit. Mêmes conseils. À la troisième, cette note paraît toujours hésitante, Callas ne se résolvait pas au compromis. "Je ne peux pas faire autrement", lui dira-t-elle, avec cette intégrité, cette loyauté, ce désir de vérité qui sont les siens. » Et que saluent les critiques dithyrambiques.

Dans *Arts*, Jacques Bourgeois écrit : « Son incarnation de Violetta est une création extraordinaire qui dépasse sur le plan dramatique nos plus grandes Dames aux camélias… Cette belle forme reconquise par la cantatrice ne se relâcha guère d'ailleurs jusqu'à la fin, et les acclamations, qui accompagnèrent le dernier rideau, saluèrent justement un art aujourd'hui sans égal. »

Enfin, Maria retrouvait sa belle maison de Sirmione où elle allait demeurer tout l'été. Deux mois de vacances ! C'est la première fois que Maria reste aussi longtemps loin de son public depuis le début de sa carrière. Après tant d'imprudences et de bravoure, elle acceptait enfin de prendre ce repos urgent que ses médecins lui prescrivaient depuis plus de un an !

Ce temps est aussi un temps de réflexion. Sa voix, depuis quelques mois, est fatiguée et ne lui obéit plus comme avant. Elle doit absolument se préserver si elle veut continuer et elle l'a enfin compris. Elle est finie, l'époque des rôles destructeurs que l'on enchaîne pour étonner, pour séduire, pour être admirée. Maria n'a plus rien à prouver sur ce point. Mais il faut bien travailler et, comme l'Italie la boude, elle doit trouver une solution. Finalement, elle accepte une nouvelle formule qu'elle a peu goûtée jusque-là, le concert.

Parce que les Anglais l'ont toujours bien accueillie et que Maria a besoin de se sentir aimée, elle retourne avec un réel plaisir dans la capitale du Royaume-Uni dès le mois de septembre afin d'enregistrer une nouvelle fois pour la télévision des extraits de *Norma* et de *Butterfly* ainsi qu'un album consacré aux airs les plus célèbres de Verdi. Le 11 octobre, l'enregistrement terminé, elle est à Birmingham pour y chanter, sous la baguette de Nicola Rescigno, des extraits de *La Vestale*, *Macbeth*, *Mefistofele*, *La Bohème* et *Hamlet*.

C'est aussi le début d'une tournée qui va la mener au Canada et aux États-Unis et qui s'achèvera à la fin du mois de novembre, à Los Angeles. Entre ces concerts, elle interprète au Civic Opera de Dallas, qui vient de rouvrir ses portes, deux *Traviata* et deux *Medea*. Pour *La Traviata*, elle retrouve son jeune ami Zeffirelli qui lui propose une mise en scène nouvelle et lui impose sans difficulté sa conception du rôle. Elle apparaît sur son lit de mort au lever du rideau et l'opéra devient le souvenir d'une femme agonisante, une sorte de rêve inconscient et tragique.

Le public de Dallas adore Callas et le lui montre en lui faisant une ovation grandiose. Elle n'enchante pas seulement les spectateurs. Ses partenaires sont eux aussi conquis. «Son jeu, sa manière de parler, de chanter, étaient d'une telle authenticité que chacun de nous, ses partenaires, les musiciens de l'orchestre et le public avaient le sentiment qu'elle allait réellement mourir d'un instant à l'autre. »

Pendant leur séjour américain, les Meneghini étaient aussi passés en coup de vent à New York pour y rencontrer Rudolf Bing afin d'évoquer la rentrée de Maria au Met. On se souvient du différend qui les avait opposés l'année précédente sur le choix et la programmation des œuvres que la cantatrice devait chanter.

«Je sortis de ce déjeuner sachant que quelque chose n'allait plus du tout», écrira le directeur du Met.

Lady Macbeth est l'un des rôles les plus difficiles de toute la carrière de Callas, qui ne l'a pas chanté en entier depuis décembre 1952, à la Scala ; et Bing voudrait qu'elle l'interprète en alternance avec *Tosca*, *La Traviata* ou *Lucia*. Or Puccini et Verdi exigent des qualités vocales aux antipodes de celles que demandent les partitions de Bellini. Maria hésite… En outre, il y a la question des dates : ces douze représentations, cette tournée d'été ; elle est lasse de travailler autant. Ne serait-il pas plus raisonnable d'accepter ce projet de concerts à travers les États-Unis que lui propose à la même époque l'imprésario Sol Hurok ? Enfin, il y a les questions d'argent. Si le Met fait un effort et lui propose des cachets supérieurs à ceux qu'il donne à ses artistes, ils sont cependant nettement moins intéressants que les autres propositions. Callas est alors la cantatrice la mieux payée des États-Unis. Elle n'a plus besoin de la notoriété du Met pour remplir les salles, où que ce soit !

Pendant tout le mois d'octobre, Bing la poursuit de ses télégrammes et de ses coups de téléphone. « Alors, que décidez-vous ? » Excédé, le 31, le jour même de la première de *La Traviata* à Dallas, il lui lance un ultimatum : qu'elle accepte ses dates et ses conditions ou qu'elle résilie son contrat avec le Met ! Le 6 novembre, parce qu'il n'a toujours pas reçu de nouvelles de Maria, Bing organise une conférence de presse et, devant les journalistes, déchire le contrat qui le lie à la cantatrice. Callas vient d'être licenciée du Met. Pour se justifier, il déclare : « Madame Callas est, par constitution, incapable de s'intégrer à toute organisation qui ne soit pas exclusivement centrée sur sa personnalité. (…) Je ne peux accepter le prétendu droit de Maria Callas de modifier ou d'annuler les contrats selon son gré et ses caprices… Je ne me propose pas d'ouvrir une discussion avec Mme Callas car je sais trop bien qu'elle a, pour ce genre de choses, beaucoup plus d'expérience et de compétence que moi… Si les mérites artistiques de Mme Callas font l'objet de controverses violentes entre ses amis et ses ennemis, la réputation qu'elle a pour mettre en valeur dans ses affaires le sens aigu du théâtre qui est le sien ne fait, elle, aucun doute ! »

La presse new-yorkaise s'empare de l'événement et se déchaîne une nouvelle fois contre Maria qui devient « l'ouragan Callas » ou le « cyclone diva ». Questionnée, la cantatrice répond qu'elle lui a seulement demandé de déplacer deux représentations, et juge « imbécile l'intransigeance bornée de Bing ». Elle le traite de « capitaine prussien » indigne de diriger une telle institution. Elsa Maxwell vient en renfort pour sauver son amie, et comme à son habitude, envenime le débat : « Le Met n'est pas le bout du monde et le monde entier, justement, attend Callas ! »

Le jour de son renvoi coïncidant avec celui de la première de *Medea* à Dallas, pendant qu'à

New York tout le monde stigmatise ses caprices, au Texas, au contraire, on la soutient. Des banderoles où l'on peut lire en grosses lettres «À bas Bing» circulent autour du théâtre; des milliardaires, enthousiastes, informent la cantatrice qu'ils sont prêts à lui donner tout l'argent qu'elle désire pour monter des spectacles «afin de montrer aux New-Yorkais ce qu'est le vrai opéra et son organisation.» Le soir, dans un décor somptueux créé par son compatriote Yannis Tsarouchis, elle remporte un triomphe absolu.

Mais est-ce suffisant pour la rassurer? Maria, qui a toujours été intransigeante dans son travail, s'inquiète de l'image que cherchent à donner d'elle ses ennemis. Ce qui la conduit, une nouvelle fois, à s'expliquer: «Je veux que tous mes amis sachent que je suis consternée par ce geste de Bing. Cela prouve que ce n'est pas moi ni aucun chanteur le personnage coléreux, capricieux et exigeant, mais bien le directeur. Je n'accuse personne… À ces directeurs, je dirai ceci: vous ne devriez songer qu'à une chose, au théâtre. Vous devriez servir uniquement l'art et donner au public ce qu'il y a de mieux. Ils ne devraient pas utiliser leurs théâtres comme des marchepieds pour atteindre gloire personnelle et fortune tout en traitant les artistes d'une manière dictatoriale, capricieuse et arbitraire.»

Enfin apaisée, Maria, suivie de son époux, quitte les États-Unis pour l'Europe, munie du contrat signé avec Hurok pour lui faire oublier tout ce tapage. Dix mille dollars par concert et pour quinze dates, sans compter les frais! Une véritable fortune!

23

PREMIER CONCERT À PARIS

« La France se meurt de moi ! »

Si Maria a souvent fait escale à Paris, elle n'y a encore jamais chanté. Le public français, qui ne la connaît que par les disques et les gazettes, l'aime déjà. Maria le sait et accepte donc de donner un concert caritatif pour les bonnes œuvres de la Légion d'honneur, à l'Opéra de Paris le 19 décembre.

Arrivée deux jours auparavant à la gare de Lyon, avec Battista et Toy, le petit caniche adoré, toque de fourrure sur la tête, pelisse sable, une brassée de roses dans les bras, elle est exquise lorsqu'elle déclare aux reporters venus l'attendre sur le quai :

– J'ai sommeil, c'est tout ce que je peux dire !

En fin d'après-midi, en robe « nègre », trois rangs de perles autour du cou et bracelets de diamants aux poignets, elle donne une conférence de presse au Ritz, fleuri de lilas blancs, de gardénias et de roses noires. Devant elle, trois cents journalistes.

– Que pensez-vous du public français ? demande *Le Figaro*.

– Je ne le connais pas encore et je suis très émue. Vous ne pouvez imaginer comme je suis heureuse de venir chanter à Paris ! Les Français ont été les seuls, en janvier dernier, à mon départ de Rome, à essayer de comprendre ce qui m'était arrivé, à penser que j'étais une femme sujette à une défaillance et qui souffrait. J'ai tellement été touchée par le comportement des journalistes français... que j'ai juré de venir chanter pour vous remercier. Mon seul souhait, maintenant, est de chanter mieux que je ne l'ai jamais fait auparavant.

– Vous avez le trac ?

– Oui. On ne peut jamais savoir ce qui se passera. La seule chose que je puisse faire contre ce trac est de trouver le courage dans ma tête...

– Y a-t-il des cantatrices que vous admirez ? Et lesquelles ?

– Il y en a beaucoup, mais vous comprendrez que je ne puisse les nommer, elles sont si nombreuses !

– Êtes-vous superstitieuse ?

– Bien sûr !

– Quel est votre fétiche ?

– Une petite madone que j'emporte partout avec moi.

Maria est parfaite, comme elle sait l'être, toute de charme, de séduction et d'humour. À un journaliste de *Paris Journal*, qui l'interroge sur son cachet supérieur au salaire mensuel du président des États-Unis :

– Et alors ? répond-elle, faites donc chanter Eisenhower et vous verrez !

Toute la salle éclate de rire.

Le lendemain, dans la presse, on peut lire : « Non ! Callas n'est pas une femme fantasque, coléreuse, autoritaire, ce monstre sacré turbulent dont on nous parle si souvent. Elle est simple, douce, fine. »

Paris est bien sous le charme de la diva !

Les organisateurs n'ont rien laissé au hasard et se sont pliés à toutes ses exigences. Ils ont commencé par enlever l'écriteau « interdit aux chiens », ensuite, parce que Maria déteste les bougies et les chandelles, ils ont fait fabriquer cent vingt candélabres électriques. Enfin, comme la voix de la cantatrice doit être protégée, un personnel a été spécialement engagé pour veiller au degré hygrométrique de la salle que Callas contrôlera régulièrement en recevant les précieuses courbes de papier toutes les heures. Quant à sa loge, elle a été entièrement recouverte d'un capitonnage spécial.

Dans cette surenchère de luxe, le programme vendu trois mille francs permet de gagner, lors d'une première tombola, une voiture Chambord puis, lors de la seconde tombola, un avion biplace Émeraude 301 !

Le concert sera suivi d'un souper dans le foyer de l'Opéra dont le menu est publié par la presse. Caviar gris de la réserve personnelle du shah d'Iran, consommé «Rossini presto et allegro», brioches de foie gras truffé, chaud-froid de volaille, salade d'asperges «Casta Diva», ananas givré et farandole de pâtisseries en forme de vocalises.

Prix de la place : trente-cinq mille anciens francs !

Pourtant, malgré tous leurs efforts, les organisateurs ont commis un impair immédiatement repéré par Maria. Son nom sur le programme ne figure pas en plus grosses lettres que ceux de ses partenaires : Tito Gobbi, Albert Lance et Jacques Mars !

Albert Lance raconte avec un certain humour sa première rencontre avec Callas. « Le rôle de Cavaradossi avait été initialement attribué à José Luccioni. Mais celui-ci, indisposé, déclare au dernier moment forfait. » Lorsque le 18 décembre, Georges Hirsch, administrateur général de l'Opéra de Paris, lui propose le rôle, Lance commence par le refuser. Il ne le connaît pas en italien et se sent incapable de l'apprendre en si peu de temps. Finalement, il accepte et après avoir travaillé toute la journée, le jeune ténor se présente à la répétition générale en fin d'après-midi. Le directeur artistique du palais Garnier, Gabriel Dussurget, le prend par le bras et le conduit vers la diva entourée d'une nuée de photographes.

– Maria, voici votre Cavaradossi, Albert Lance. Albert…

« Je m'incline légèrement, prêt à lui faire un baisemain. La main ne vient pas ! Elle me regarde en fronçant le sourcil, comme persona non grata.

» Le pauvre Dussurget qui souffre d'un tic facial tique de plus belle, et lorsque je reçois la même rebuffade de la part de Gobbi, son tic devient inquiétant.

» – Courage mon garçon, courage ! me souffle-t-il.

» La répétition commence. En coulisse, en attendant mon entrée, les machinistes font comme d'habitude un tapage du diable. Soudain, la célèbre diva interrompt la répétition net, en s'écriant en un français impeccable :

» – Lorsque mon Tito Gobbi et Maria Callas chantent… On se tait !

» Le chef d'orchestre, Georges Sebastian, en cette occasion, ayant interrompu les musiciens pour des corrections, je tente à plusieurs reprises d'entrer en conversation avec elle… en français, puis en anglais. Mais rien à faire… pas un mot. Et pourtant, lorsqu'elle chanta *Tosca*, elle était pour Cavaradossi éperdue d'amour et de tendresse. A contrario, ce n'est qu'un visage impassible. La seule allusion qu'elle daigne faire à mon encontre a lieu au moment où Cavaradossi, torturé, faible et défaillant, sort de la chambre du supplice et recherche l'aide de Tosca pour aller se reposer sur un lit, à l'avant-scène. À nouveau, Maria Callas arrête tout et se tournant vers Gabriel Couret, directeur de la scène, hurle : " Vous ne vous attendez tout de même pas à ce que je soutienne ce gros bœuf ! " »

Si Lance avait obtenu quelques succès, notamment à l'Opéra-Comique, pour Callas et Gobbi, comme il le dit lui-même, il était un « *nobody* »

Aussi, sur les conseils de Couret, il se fera, lui

le « gros bœuf », le soir de la représentation, aussi léger qu'une plume ! Callas lui en fut-elle reconnaissante ? En tout cas, à la fin du spectacle, elle lui offrira une rose que le ténor conserve toujours !

Après ce témoignage inédit de l'un des plus talentueux ténors de ces années-là, revenons au 19 décembre. Vers vingt et une heures, donc, les rues du quartier de l'Opéra sont bouclées pour l'arrivée du président de la République, René Coty, qui vit ses derniers jours à l'Élysée. Devant l'Opéra, sur les marches, la garde républicaine en grande tenue présente les armes pendant que dans la salle, où l'on s'écrase, le gouvernement au grand complet, du président de l'Assemblée aux députés, diplomates et hommes d'affaires influents accompagnés de leurs épouses en robes longues, regardent une autre distribution éblouissante où l'on reconnaît Louise de Vilmorin, Jean Cocteau et Jean Marais, Michèle Morgan, Martine Carol, Arletty, Juliette Gréco, Brigitte Bardot, mais aussi la duchesse de Windsor, Ali Khan, la Bégum, Charlie Chaplin, le marquis de Cuevas et… Aristote Onassis avec Tina, son épouse. Un éblouissement avant l'obscurité qui noie l'éclat des diamants avec l'arrivée du maestro Georges Sebastian que Maria a connu en 1946 aux États-Unis. Enfin, le rideau de velours cramoisi se lève et Callas entre en scène, longue silhouette que sculpte un fourreau de velours rouge, la main sur le cœur, la tête inclinée vers la salle qui déjà défaille de bonheur. Et pendant plus de deux heures, de l'orchestre aux loges et au poulailler, le public ne cessera de crier son admiration et son amour à celle qu'il a tant espérée.

Sublime en Norma, bouleversante en Leonora, espiègle et délicieuse en Rosine, elle va dans le deuxième acte de *Tosca* bouleverser la salle qui délire suspendue à ses lèvres pendant le très attendu « Vissi d'arte, Vissi d'amore », et pas un seul de ceux qui ont eu le privilège de l'entendre ce soir-là ne pourra oublier la petite veine palpitante de son cou lorsque, agenouillée à la fin de l'air, elle entendra monter vers elle un seul cri de plaisir jailli de ces milliers de gorges ! Par dix fois, Maria, émue et souriante dans la robe blanche de Floria Tosca, saluera ses admirateurs au milieu des fleurs jonchant la scène, avant de souffler à son mari qui l'attend dans la coulisse : « Paris m'adore, la France se meurt de moi ! »

Ce que résume, les larmes aux yeux, le président Coty auquel elle a été présentée pendant l'entracte : « Madame, vous m'avez semblé admirable. Et vous savez qu'il se trouve que je m'y

223

connais en musique italienne... Et ce soir, j'ai connu un des plus grands moments de ma vie. »

La soirée, filmée par Roger Benamou, commentée par Pierre Dumayet et diffusée à la télévision française, fut regardée, grâce à l'Eurovision, dans plusieurs pays d'Europe et notamment en Italie. Ce soir-là, des centaines de milliers de personnes, qui ne connaissaient de Callas que les scandales et les caprices, purent découvrir sa vérité : celle d'une immense artiste.

Dans la presse française, le lendemain du concert, on se dispute les superlatifs : « Le plus grand spectacle du monde », « La tigresse déguisée en agnelle qui, après une publicité fracassante et agressive, s'est présentée sur la scène avec une modestie, une humilité... » Claude Rostand, après avoir loué son « aisance souveraine », sa « virtuosité étourdissante », souligne, en souriant, que « si les Parisiens ne savent pas encore tout à fait qui est Callas, celle-ci sait maintenant ce qu'est Paris, avec ses dames transformées en œufs de Pâques ou en ananas ambulants, à moins qu'elles ne fussent caparaçonnées en reines burgondes. Car le spectacle était surtout dans la salle. Mais ceci est une autre histoire... »

Seule réserve, Olivier Merlin dans *Le Monde*, remarque qu'« il suffit d'avoir une simple oreille de mélomane pour se rendre compte que la qualité musicale du programme où la protagoniste, voulant trop démontrer la variété de son répertoire, n'est pas égale ».

Qu'importe ! Heureux de ces moments passés à Paris, les Meneghini, qui s'apprêtent à rentrer en Italie pour fêter Noël, vont consacrer quelques minutes encore à la presse. Interrogée sur l'accueil que la capitale lui a réservé, Maria déclare :

« Mais pour moi, ce n'est pas vendredi soir que Paris m'a fait le plus plaisir ; c'est il y a un an, en janvier dernier, alors que, après cette situation ridicule et particulièrement pénible dans laquelle je me suis trouvée à Rome, Paris m'a accueillie comme une enfant de chez vous. De ce jour-là, je me suis promis de très vite payer cette dette de reconnaissance. Je suis heureuse de l'avoir fait pour ce pays que j'aime et je voudrais vous l'exprimer en disant tout simplement : Vive la France ! »

Une France qui ne rêve que de la revoir le plus tôt possible. L'Opéra affirme qu'elle reviendra au mois de mai prochain pour *Medea* et *La Traviata*. Mais rien n'est encore signé ! En fait, Maria attendra deux ans avant de chanter à nouveau à Paris.

Après quinze jours de repos, toujours avec Titta et Toy, Maria s'envole pour un concert unique à Philadelphie qu'elle donne le 24 janvier 1959. Trois jours plus tard, elle est à New York, au Carnegie Hall, pour une version du *Pirata* de Bellini qu'elle chante aussi à Washington, le 29, au Constitution Hall. Dirigée par son ami Nicola Rescigno, Maria en robe blanche, «toute nue» devant l'orchestre, sans mise en scène ni décor, encadrée de Pier-Miranda Ferro et Constantino Ego, reçoit là encore un délire d'acclamations.

Elle est à l'apogée de sa gloire, de son art. Elle est belle, riche, adulée, célèbre, et pourtant...

Un retour express en Italie et la voilà déjà à Londres pour enregistrer une seconde version de *Lucia di Lammermoor* sous la baguette de son cher Tullio Serafin. À la différence de la première version de 1953, celle-ci est stéréophonique. Maria, qui depuis 1956 ne chantait déjà plus ce rôle qu'elle avait interprété sur scène partout dans le monde, semble avoir perdu dans cet enregistrement du moelleux dans le timbre, ce qui aboutit à des aigus plus tendus, moins «faciles». Cette voix qui avait tant fait parler, cette voix unique, n'est plus aussi souple, plus aussi agile, plus aussi fiable. Les accidents répétés depuis l'été 1957 n'étaient pas anodins et le rythme infernal de ces concerts qui enchaînent des extraits tous plus périlleux les uns que les autres n'arrange rien. Callas a atteint les sommets de la perfection artistique. Et afin de se prouver à elle-même ses possibilités, elle a accepté ces concerts avec un désir d'autodestruction flagrant. Les problèmes vocaux sont là, mais elle ne fait rien pour les arranger. Elle alterne, dans cette nouvelle forme de spectacle, les emplois les plus dramatiques avec les plus virtuoses, accentuant cette dégradation, soyons juste, encore imperceptible. Pour certains, cette altération de sa voix serait simplement due à cette nouvelle vie qui est la sienne, et qu'un nouvel amour est en train de transformer.

24

LE GREC

« Je me suis sentie devenir une femme nouvelle. »

Le 21 avril 1959, les Meneghini fêtent leur dixième anniversaire de mariage, à Paris, dans le célèbre restaurant de la rue Royale, Maxim's. Manteau de chinchilla, diamants aux oreilles, fourreau de satin à fines bretelles moulant un corps ravissant, somptueuse chevelure noire, merveilleux visage... Maria, émue aux larmes, souffle les dix bougies dont la petite flamme éclaire le gâteau aux amandes au son des violons tziganes. On rit, on applaudit, on s'embrasse...

Dix ans ! « Je suis la voix, il est l'âme », a-t-elle dit. Dix ans de bonne entente, c'est vrai, pendant lesquels Titta n'a cessé d'être là, de s'occuper des contrats, des cachets, des rôles, de placer l'argent aussi, en homme avisé.

Pourtant, ce couple qui paraît tant s'aimer en ce soir de printemps 1959, qui a affronté et remporté tant de batailles, vit sans le savoir ses derniers moments de bonheur dans l'atmosphère Belle Époque de l'une des tables les plus réputées du monde. Un autre homme va entrer dans la vie de Maria et tout bouleverser... Et quel homme !

Aristote Onassis, le « nouvel Ulysse », comme on l'a surnommé, ou bien encore le « Crésus des Temps modernes », est un véritable personnage de roman.

Né à Smyrne, il n'a pas un sou lorsque, à seize ans, il débarque à Buenos Aires au milieu des années vingt. Petit standardiste, obscur parmi les obscurs, il devient, en deux ans, importateur de tabac. Puis, profitant de la crise des années trente, il achète à bas prix un, deux puis trois navires... Et c'est le début d'une véritable flotte qui, en quelques années, va sillonner les mers et lui apporter une fortune estimée à plusieurs millions de dollars. L'homme est riche et l'affiche volontiers. Outre sa flotte, ses parts dans une compagnie aérienne, l'Olympic Airway, il a acquis pour six cents millions de francs la Société des bains de mer de Monaco. Il est entouré d'une cour d'admirateurs qui le suit dans ses somptueuses demeures, s'extasie sur les tableaux de maîtres ornant les cloisons de son yacht. Lorsqu'il rencontre Maria, il est au faîte de sa gloire et de sa fortune ; il a cinquante-trois ans. Petit, tempes argentées, dents blanches, cigare, lunettes noires… Ulysse, oui, mais avec des allures de pirate. Cet homme d'affaires avisé et sans complexe est aussi un homme à femmes et trompe allègrement la sienne, la charmante Tina.

C'est à Venise que Maria l'avait rencontré une première fois, lors de la fameuse fête qu'Elsa Maxwell avait organisée en son honneur. Puis, ils s'étaient croisés dans d'autres soirées mondaines ; enfin, ils s'étaient retrouvés lors du souper organisé à Paris, après le concert de Maria, en décembre 1958. Ce soir-là, ce n'est pas le talent de la cantatrice qui va fasciner le milliardaire qui avoue très honnêtement avoir toujours détesté l'opéra, non, c'est ce que dégage cette femme, son immense popularité qu'Onassis associe à un immense pouvoir. Elle lui plaît. Il lui faut la conquérir.

Face à cet étalage de puissance, Maria, elle, a joué la carte d'une indifférence polie, sans plus. La star, c'est tout de même elle ! Déjà elle se prépare pour une tournée de six concerts qui va l'occuper tout le mois de mai. Commencée à

Madrid le 2 pour s'achever le 24 à Wiesbaden. À son retour en Italie, alors qu'elle se rend à Venise pour un dîner chez la comtesse Castelbarco, qui retrouve-t-elle par hasard ? Onassis ! L'armateur convie le couple Meneghini à faire une croisière, l'été prochain, à bord de son yacht, le *Christina*, qui porte le prénom de sa fille.

« Peut-être », dit la diva.

Quelques jours plus tard, Aristote qui est à Monte-Carlo l'appelle à Milan. Il lui réitère son invitation. Mais Maria n'a pas la tête à faire des croisières. Elle doit être, à la mi-juin, à Covent Garden, pour cinq *Medea*, un opéra qui n'a pas été chanté dans la capitale britannique depuis 1870.

– Je viendrai vous voir, insiste-t-il.

Et effectivement, le soir de la première, il est là, dans la salle, avec son épouse et plusieurs de ses amis.

Sur scène, Maria, entourée de Nicola Zaccaria, John Vickers et Fiorenza Cossotto, reçoit un accueil fabuleux. Londres a oublié le scandale d'Édimbourg. Et, le lendemain, la presse souligne son interprétation sublime, passant assez rapidement sur ces nouvelles inflexions que l'on peut déceler dans sa voix depuis quelque temps.

Afin d'impressionner celle qu'il a décidé de séduire, le milliardaire a préparé une « petite » fête au Dorchester Hotel dont il a fait décorer le hall et les salons de plusieurs milliers de roses rouges. Des centaines d'invitations sont lancées. Arrivent les Churchill et la duchesse de Kent qui applaudissent l'entrée de Maria. Une star transformée en étoile filante, qui ne reste que quelques minutes. Elle est fatiguée, veut se reposer. Déjà elle s'engouffre dans sa limousine lorsque Onassis la rattrape et lui parle une nouvelle fois de la croisière, ajoutant avec cette conviction qui d'ordinaire impressionne tant ses hommes d'affaires :

— Vous avez été mon meilleur souvenir de théâtre !

— Un souvenir, déjà ? Vous n'êtes pas très galant !

Et la voiture s'en va, laissant le richissime armateur déconfit sur le trottoir.

Maria fut-elle séduite, ce soir-là, par cette personnalité hors norme et tout ce que cela représente dans le monde des affaires ? La plupart de ses biographes l'affirment. Ce qui est certain, c'est que le mois de juillet 1959 va marquer un véritable tournant dans la vie de la cantatrice.

Après les représentations de *Medea*, les Meneghini sont retournés en Italie pour un court séjour avant de repartir, entre le 11 et le 14 juillet, en Hollande et en Belgique pour deux concerts comportant des extraits de *La Vestale*, de *Ernani*, de *Don Carlo* et du *Pirata*. Deux soirées particulièrement réussies où Maria semble avoir retrouvé tous ses moyens, ce que, hélas, les médecins italiens contestent, lui prescrivant six semaines de repos de toute urgence.

Le 16, le téléphone sonne dans leur villa de Sirmione. C'est Onassis. Il est à Monte-Carlo et souhaite parler à Maria qui ne veut pas être dérangée et lui fait dire qu'elle est à Milan. Une demi-heure plus tard, deuxième coup de fil suivi d'un troisième, une heure après. Meneghini décroche enfin. Onassis insiste pour les avoir à bord de son yacht qui doit prendre le large le 22. Tina, appelée en renfort, se mêle à la conversation insistant elle aussi pour les recevoir. De guerre lasse, ils acceptent enfin. Le temps de faire quelques valises et, le jour du départ, Maria lance à ses domestiques :

– Je serai absente pour une semaine comme je peux être là demain soir.

Mais si à Milan, elle paraît peu enthousiaste, à Monte-Carlo, ses scrupules semblent s'être

233

complètement envolés. Le 21, elle reçoit un télex de son amie Elsa Maxwell, qui fera également partie du voyage. « Tu remplaceras Garbo à bord, devenue trop vieille. Dès aujourd'hui, jouis des moments de la vie. » Maria l'écoute et passe tout le reste de la journée dans les boutiques de la cité monégasque, achetant chaussures, maillots de bain, robes du soir, lingerie…

Le 22 juillet, les Meneghini embarquent sur le *Christina*. À bord, Winston Churchill, avec son épouse, sa fille et son médecin, parle avec Gianni Agnelli, le PDG de Fiat, surnommé « l'avvocato », autre séducteur venu toutefois avec son épouse.

Tout à la joie de cette première victoire, Onassis fait visiter son bateau au couple Meneghini. Escalier de marbre et de bronze, cheminées en lapis-lazuli, boiseries précieuses. Tapis de soie, tableaux de maîtres, collection d'icônes. Dans la cabine des Meneghini, le mobilier d'époque Louis XV, image du vrai luxe, rivalise avec celui plus tapageur des robinets en plaqué or de la salle de bains. Ex-enfant pauvre devenu riche, Onassis veut que sa réussite soit visible et, effectivement, elle se voit !

Pendant près de trois semaines, le *Christina* va

sillonner la Méditerranée et faire de nombreuses escales : Portofino, Capri, Corinthe. La vie à bord est une fête dont Callas est la véritable reine. Meneghini, lui, ne semble pas tout à fait à son aise. Dans ses Mémoires, il écrira : « Nous avions l'impression de vivre parmi les fous. La plupart des couples étaient séparés, chacun trouvant un nouveau partenaire. Les femmes et les hommes prenaient des bains de soleil entièrement nus et flirtaient ouvertement. En bref, nous avions l'impression de vivre dans une grande porcherie. » Commentaires d'un homme qui n'eut pas, lors de ce voyage, le meilleur des rôles...

Maria, tout au contraire, paraît très bien se faire à cette vie nouvelle et à ces premières « vraies vacances » attendues depuis si longtemps ! Elle lézarde au soleil, plonge en pleine mer, nage dans les criques désertes, chante tout et n'importe quoi pour son plaisir mais refuse de le faire un soir lorsque Churchill le lui demande.

– Est-ce que vous travaillez, vous ? Laissez-moi tranquille !

En blouse fleurie et rouge à lèvres violet, elle éclate de rire lorsqu'elle croise Aristote qui se promène en tenue d'Adam, avec pour seuls ornements une paire de lunettes noires sur le nez et un téléphone dans chaque main. Le 24 juillet, le Premier ministre Karamanlis monte à bord, suivi le lendemain par le metteur en scène Carl Foreman qui vient saluer le milliardaire et ses invités et qui, entre deux coupes de champagne, propose à la cantatrice de faire ses débuts au cinéma. Il prépare, dit-il, avec Gregory Peck, un film sur la résistance grecque pendant la Seconde Guerre mondiale, *Les Canons de Navarone*. Aristote Onassis trouve l'idée formidable, pousse Maria à accepter. Et Maria, toute à cette joie de vivre qui l'habite désormais, semble intéressée. Pourquoi pas ? Elle ne donnera jamais suite.

Les journées s'écoulent lentement et sans heurts. C'est dans cette atmosphère que Maria et Onassis, le matin du 6 août, au cours d'une visite au mont Athos, haut lieu de la spiritualité de l'Église orthodoxe, se font bénir côte à côte par le patriarche de Constantinople. Gestes pieux de deux Grecs qui n'ont pas oublié la religion de leur enfance ? Certains donneront à cette bénédiction un sens plus ambigu. Il s'agirait d'un véritable engagement, pour ne pas dire d'un mariage secret ! Meneghini affirmera, plus tard, que Maria en était revenue fort troublée. Pour tous, cette soirée signera le début de leur liaison amoureuse.

Trois jours plus tard, Onassis organise une

nouvelle fête. Maria, qui semble infatigable, laisse Meneghini rejoindre seul leur suite dans laquelle il se réveille le lendemain, tout aussi solitaire. Maria n'a pas dormi là. S'est-elle seulement couchée? Le doute n'est plus possible lorsque, le lendemain, Meneghini, qui avait regagné encore seul ses appartements, est réveillé en sursaut vers deux heures par Tina qui sanglote:

– Battista, dit-elle, nous sommes deux malheureux. Ta femme et mon mari sont au salon, dans les bras l'un de l'autre. Maintenant, c'est trop tard, il te l'a enlevée.

Maria, quelques heures plus tard, refusera de répondre aux questions de son époux qui tente de croire qu'il ne s'agit que d'une aventure. De toutes ses forces, il espère que tout cela sera oublié dès que Maria aura repris ses activités artistiques. Ce qui n'empêche pas une tentative d'explication avec Onassis.

– Nous as-tu invités pour me prendre ma femme?

– Ta femme? Une esclave! Tu la fais travailler... J'aime Maria, je lui donnerai tout!

Le 12 août, la croisière prend fin. À Monte-Carlo, Onassis propose son jet privé aux Meneghini afin qu'ils regagnent Milan. Les deux époux, qui ne se parlent plus, se séparent dès leur arrivée. Maria restera dans l'appartement milanais. Meneghini rentrera seul à Sirmione. Trois jours plus tard, Maria est décidée. Elle invite son époux à venir la rejoindre à Milan et lui annonce lors du déjeuner qu'elle veut divorcer. Dans son petit carnet, Meneghini a retranscrit les propos qu'elle lui aurait adressés sur un ton qu'il dira fort méprisant : « Tout est fini entre nous. J'ai décidé de vivre avec Onassis… Cette fatalité a fondu sur Ari et moi et nous sommes incapables d'y résister… Il ne supporte plus de vivre loin de moi et je ne supporte plus de vivre loin de lui… »

Meneghini, lui, ne supporte pas qu'on lui « vole » sa femme.

– Son gagne-pain, oui ! clame Onassis qui va rencontrer plusieurs fois son rival, tous deux s'injuriant, se provoquant, se menaçant même. Ils en arriveront à se battre.

Vers le 20 août, Maria téléphone à celui qui est encore son mari pour lui demander de ne pas entraver le déroulement de leur séparation et surtout de ne rien divulguer à la presse de leur histoire conjugale. Puis, probablement bien conseillée, elle s'inquiète de sa position fiscale qu'il gérait seul depuis leur rencontre, exige la séparation de leurs comptes en banque et la restitution de ses bijoux.

Le 21, rien n'a encore filtré dans la presse. Le lendemain, *La Stampa*, dans une brève, annonce seulement que l'on a vu la diva et le milliardaire dans un restaurant de la capitale lombarde. Trois lignes qui passent inaperçues au milieu de nombreux papiers qui titrent sur les « retrouvailles » de la cantatrice et du directeur de la Scala et le probable retour de Maria, le contentieux avec Ghiringhelli étant clos. N'est-elle pas arrivée à la première de la *Dolce Vita* de Fellini à son bras ?

Début septembre, Maria s'est remise au travail. Avec l'orchestre de la Scala, elle enregistre *La Gioconda* pour la firme EMI. Le 2, elle entre en studio. Irène Campaneez, Piero Cappucilli et Pier-Miranda Ferrero, ses partenaires, chantent à ses côtés. Maria, transfigurée, semble avoir retrouvé toute sa perfection vocale. Est-ce l'amour ? En tout cas, le secret qu'elle avait souhaité tenir le plus longtemps caché est maintenant à la une de tous les journaux italiens.

Le 3 septembre, des photographes, qui avaient surpris Maria et Onassis dans un restaurant, les ont suivis jusqu'à trois heures du matin et les ont photographiés entrant ensemble dans un hôtel. Trois jours plus tard, la nouvelle éclate.

Callas se sépare de son mari. Les avocats ont vendu la mèche.

Aussitôt, la maison de Sirmione est encerclée par les reporters dans l'attente d'une photo, d'une déclaration. Le 7 septembre, le journal *La Notte* confirme la rumeur et précise « La Callas est tombée amoureuse d'Aristote Onassis. » Quelques heures plus tard, l'information est reprise dans le monde entier.

Dès lors, les nouveaux amoureux deviennent la proie des paparazzis qui épient leurs moindres gestes. C'est Meneghini, probablement par dépit, qui parle le premier. Il confirme la relation de son épouse avec le milliardaire et son prochain divorce. « Je pardonne tout à Maria, mais je ne peux en faire autant à Onassis. (...) J'ai compris qu'il était inutile de discuter. Pour moi, tout est perdu. Je n'ai plus rien. Je désire la paix et régler au plus vite les questions financières... Dans ma vie, je n'ai aimé que deux femmes, Maria et ma mère. »

Maria est folle de rage lorsqu'elle lit ces propos. Elle pense à sa carrière, à sa réputation, à cette image scandaleuse qui lui colle déjà tellement à la peau. Non, elle ne sera pas cette croqueuse de diamants, voleuse de mari qu'on veut faire d'elle maintenant. Aussi, le soir même de la fin de l'enregistrement de *La Gioconda*, elle se présente sur les marches de la Scala pour déclarer aux journalistes qui l'attendent : « Ma séparation d'avec mon mari est complète et définitive. Elle était dans l'air depuis quelque temps et la croisière sur le *Christina* n'a fait que précipiter les choses... Je suis maintenant mon propre imprésario... » Mais devant cette presse avide de scoops, elle se refuse à valider son histoire d'amour avec son compatriote : « Il n'y a rien entre monsieur Onassis et moi qu'une profonde amitié... Nous n'avons ensemble que des projets professionnels. Monsieur Onassis a un théâtre à Monte-Carlo dont j'ai reçu des propositions, c'est tout. »

Dix ans plus tard, devant une journaliste de *Life Magazine*, elle se souviendra de ce moment et confiera : « [Mon mari] m'a tenue en cage si longtemps que lorsque j'ai rencontré Onassis et ses charmants amis, si pleins de vie et d'humour, je me suis sentie devenir une femme nouvelle. À force de vivre avec un mari tellement plus âgé que moi, j'avais prématurément vieilli et j'étais devenue morne et bête. J'en avais assez de ne penser, comme lui, qu'à l'argent et à la carrière ! »

Quant à Onassis, en cet automne 1959, il se rallie à la version de Maria mais ajoute, quand même : « Je serais extrêmement flatté si une femme de grande classe comme Maria Callas pouvait tomber amoureuse d'un type comme moi ! »

Pourtant, dès le lendemain de l'enregistrement de *La Gioconda*, Maria embarque sur le *Christina* où Aristote et sa sœur Artémis l'attendent.

25

LES AMANTS DU SIÈCLE

*« Je veux vivre, vivre
comme n'importe quelle femme ! »*

Ce second voyage aurait pu être un rêve ! Aucune escale n'est cependant possible. Ils en ont bien tenté une, à Athènes, mais les journalistes qui les poursuivent partout étaient déjà massés sur le quai ! À Glyphada, le *Christina* est même cerné par une nuée d'embarcations où curieux et photographes se mêlent pour en savoir un peu plus. Exaspéré, Onassis entre dans de violentes colères, menace les téméraires et va même jusqu'à donner des coups. Mais rien ne semble pouvoir les décourager. Alors Maria et Onassis, en désespoir de cause, acceptent de se laisser photographier sur le pont du yacht.

Pendant ce temps, à Milan, Meneghini n'en finit pas de s'épancher. À l'*Europeo*, il confie : « Ce sont les Italiens qui, avec leurs cancans, leur cruauté, leur ingratitude, ont fait perdre la tête à ma femme. » Et les commentaires vont bon train. On parie sur la durée de l'idylle de la cantatrice avec l'armateur. On demande même à des voyants de la confirmer. Le « mage de Naples » assure, quant à lui, que Maria et son mari se réconcilieront dans les prochains mois.

C'est alors qu'Evangelia, parfaite dans son rôle de mère indigne, entre en scène et déclare : « Aristote Onassis sera la troisième victime de ma fille… J'ai été la première et son mari la deuxième. Onassis sera la suivante et il en sera ainsi jusqu'à la fin, une sorte de malédiction. Oui, elle épousera Onassis, elle a voulu un scandale, elle l'a préparé de ses propres mains, jour après jour. Elle aspire à la célébrité des grands de ce monde. Elle veut les milliards d'Onassis, son yacht, ses avions ; elle veut posséder Monte-Carlo, elle veut la flotte de pétroliers. Elle espère ainsi faire une entrée triomphante dans les théâtres dont elle a été chassée. Et elle y arrivera, car elle est habile, cynique et sans scrupules. Elle a une volonté de fer et obtient toujours ce qu'elle veut. » Puis elle parle encore de l'avarice de sa fille, de sa pauvreté et du talent de Jackie que Maria refuse d'aider par jalousie. Et de conclure : « Enfin, que Dieu la bénisse quand même, mais je ne veux plus la revoir. »

Quant à Elsa Maxwell, qui a appris la « nouvelle » en pleine nuit, bigoudis en bataille, elle se souvient, un peu tard, qu'elle est aussi « l'amie » de Tina et prend le parti de cette dernière. La presse américaine suit et se déchaîne : « Maria Callas est fidèle à sa réputation de chanteuse impossible... »

Pendant que le monde s'émeut de la nouvelle histoire de cœur de Maria, celle-ci quitte le *Christina* et la Grèce avec le jet d'Onassis spécialement réaménagé pour elle, qui la conduit à Bilbao avant de rallier l'Angleterre où elle doit chanter au Royal Festival Hall des extraits des œuvres d'Ambroise Thomas, Bellini et Verdi. À la fin du spectacle, trois mille spectateurs, debout, l'applaudissent, un rappel puis deux, puis trois,... puis douze... On ne veut plus la laisser repartir. Ils lui réclament un bis. Mais Maria est fatiguée et se contentera de lancer à ce public si émouvant quelques baisers, les yeux mouillés de larmes.

Désormais, Maria refusera de se faire appeler Meneghini-Callas et signera plus simplement : Callas.

Après un court séjour à Milan, elle revient à Londres, qui paraît devenir sa nouvelle terre d'élection, pour interpréter « Si mi chiamano Mimi » de *La Bohème* et « L'Astra notte » de *Mefistofele* à la BBC. Quel mauvais génie, à son arrivée à l'aéroport, lui souffle cette réflexion qui sera reprise par la presse : « Jadis, il y avait une voiture et des fleurs pour moi. Il n'y en a plus. Est-ce que je n'en vaux plus la peine ? » Quel pressentiment l'agite ? Pense-t-elle, comme Mme de Staël, devant ce nouveau sentiment qui l'habite, que « la gloire est le deuil du bonheur » ?

Pourtant, sur scène, Maria, en pleine possession de ses moyens, ravit les téléspectateurs anglais qui ne connaissaient d'elle qu'une légende. Hélas, la presse s'intéresse bien davantage à l'évolution de sa vie privée qu'à celle de sa carrière. Elle révèle que la diva a annulé l'enregistrement prévu par l'Association Ted Radiodiffusion, officiellement parce que le maestro Nicola Rescigno était souffrant. Officieusement pour des raisons familiales. Elle ne désire plus signer de contrat pour ne plus partager ses droits avec son mari, ce qui l'aurait amenée à refuser le projet cinématographique *Prima donna*, où elle devait incarner le rôle d'une cantatrice, avec un cachet colossal pour l'époque, de deux millions cinq cent mille francs !

Pendant ce temps, à Milan, Meneghini continue de se confier à la presse : « J'ai créé Maria Callas et j'ai reçu pour tout paiement un coup de poignard dans le dos. Quand je l'ai prise en main, c'était une grosse dondon, mal fagotée, une réfugiée grecque, une bohémienne. Et maintenant, on raconte que je l'ai exploitée ! Vous verrez qu'elle me fera diviser notre caniche et ne me laissera que la queue. »

À la lecture de ces lignes, Maria pique l'une de ses plus mémorables colères. Elle l'appelle au téléphone, l'injurie et, toujours selon les Mémoires de Meneghini, menace même de le tuer !

La rupture est maintenant totalement consommée. Maria et Battista ne communiqueront plus que par avocats interposés.

Le 23 octobre, Maria est à Berlin, au Titiana Palast, pour un autre concert. Cinq jours plus tard, à Kansas City, où une alerte à la bombe affole tout le monde dans les coulisses. Placée dans la fosse d'orchestre, la bombe doit exploser à vingt et une heure trente.

« Qu'importe ! s'écrie Maria, le public est là, je ne le ferai pas attendre une minute de plus… Si je ne commence pas tout de suite, on dira encore : voilà la Callas qui fait des siennes ! »

Elle chantera jusqu'au dernier moment, soit dix minutes avant l'expiration de l'ultimatum, lorsque le directeur du théâtre demandera aux trois mille cinq cents spectateurs, parmi lesquels se trouvent l'ancien président Truman, d'évacuer la salle. Fausse alerte ! Une demi-heure plus tard, le concert reprend et Maria est follement acclamée.

Le lendemain, la presse la malmène pourtant en titrant « Maria Callas aime trop les croisières pour ne point reconnaître qu'on la mène en bateau » ou « Callas, la cantatrice qui fait boum ! ».

À Dallas, où Maria va demeurer pendant tout le mois de novembre, elle doit chanter au Civic Opera *Lucia di Lammermoor* et *Medea*, conduits par le maestro Rescigno qui l'accompagnait depuis le début de la tournée.

Malheureusement, le 6 novembre, le soir de la première, elle ne peut sortir le fameux contre-*mi* ; et le rideau tombe sur le premier grand accident de sa carrière. Furieuse, en entrant dans sa loge, Callas donne cinq fois la note périlleuse sans problème. Deux jours plus tard, elle récidive mais elle ne chantera plus jamais *Lucia*.

Fuyant les journalistes, au lieu de demeurer à Dallas pour préparer les deux *Medea* qu'elle doit donner les 19 et 21 novembre, elle repart immé-

248

diatement pour l'Europe. Et, sur le parcours, fait escale à New York où sa « meilleure amie », Elsa Maxwell, l'a définitivement lâchée comme elle avait abandonné la Tebaldi quelques années plutôt. La commère prend maintenant fait et cause pour l'épouse d'Onassis et claironne à qui veut l'entendre : « J'ai donné à Maria la possibilité de devenir une star de première grandeur aux États-Unis. Je pensais qu'elle était une amie… Elle ne devait pas faire une chose pareille à Tina… Je ferai tout ce qui est en mon pouvoir pour qu'elle en subisse les conséquences ! » Voilà Maria prévenue et exaspérée lorsqu'elle se retrouve confrontée, alors qu'elle s'apprête à prendre son avion, à une foule de journalistes qui veut absolument connaître son point de vue. Faute de pouvoir se dissimuler, elle cherche à éviter les photographes, refuse de répondre, puis crie « Laissez-moi tranquille, je n'ai rien à déclarer ! » Et elle part en courant sans voir les câbles de la télévision sur lesquels elle trébuche et s'énerve. Autant d'images que diffuseront tous les médias assorties de photos publiées dans les gazettes, et sous-titrées « La tigresse ! »

À la vérité, si la presse est si omniprésente, c'est que depuis quelques jours des rumeurs de mariage ont couru. Maria serait enceinte et Onassis hâterait son divorce pour pouvoir l'épouser, ce que corrobore la réunion familiale au domicile parisien du milliardaire, 88, avenue Foch. Les Livanos, les parents de Tina, qui sont aussi actionnaires dans l'empire d'Onassis, s'inquiètent de l'évolution du couple et de leurs affaires. Quelques mois plus tard, le divorce, aux torts réciproques, sera annoncé. Les deux parties se sont entendues. Tina avouera une liaison avec le roi de l'émeraude, de vingt ans plus jeune qu'elle, et Onassis, plusieurs aventures, sans que jamais le nom de Maria Callas soit mentionné. Tina aura la garde des deux enfants, Alexandre et Christina, nés de leur union ainsi qu'une rente très confortable.

Côté italien, le divorce n'étant pas encore autorisé, Maria et Meneghini vont entreprendre une séparation de corps et de biens. Le 14 novembre, elle assiste à l'audience à Brescia. À son arrivée au palais de justice, des centaines de personnes crient son nom, l'applaudissent ou l'insultent. Il faudra six heures pour que le juge César Andreoti parvienne à mettre d'accord les deux anciens associés qui ne parlent qu'argent, droits et contrats. Lorsqu'ils s'étaient rencontrés, Maria était très pauvre et son futur époux avait souhaité partager ses biens personnels avec elle. Une association qui s'était rapidement inversée avec le montant croissant des contrats de Maria qui avait rapporté une véritable fortune pour l'époque.

S'ajoutaient à cela les maisons, les appartements, les terrains de Vérone, Milan et Sirmione, les bijoux, les tableaux de maîtres, les meubles estampillés et les liquidités qui seraient partagés en deux parts.

Sitôt ces problèmes réglés, Maria, après avoir vu en coup de vent Onassis à Monte-Carlo, repart pour Dallas chanter deux *Medea*. Et elle y est merveilleuse, parvenant à donner de cette femme bafouée dans son identité, qui préfère l'amour d'un homme à celui de ses enfants, une image très différente de celle que l'on voit d'ordinaire. Est-ce parce que, comme Medea, Maria est en train justement de tuer sa carrière pour l'amour d'un homme ?

À la fin de la seconde représentation, lasse de tout ce qui venait de se passer dans sa vie, de cette pression des journalistes, soucieuse de cette voix qui la trahit de plus en plus régulièrement, elle annonce qu'elle quitte la scène pour plusieurs mois.

Londres ne la verra pas chanter *Macbeth* et Paris ne l'entendra jamais dans ce *Medea* qu'elle devait interpréter fin décembre. En ce qui concerne son retour à la Scala, elle déclare : « J'ai de bonnes raisons pour repousser d'une année mon retour. La saison qui vient doit être celle de la Tebaldi. Il y a de nombreuses années qu'elle n'a pas chanté à la Scala, et son retour est un grand événement. Il convient que toute l'attention du public soit concentrée sur elle et je m'interdis de distraire une parcelle de cette attention. »

Dès son retour des États-Unis, Maria s'installe à Milan dans son appartement. Et pour la première fois de sa vie, elle se sent libre. Libre pour qui ? Pour quoi ? Pour attendre celui qu'elle aime bien sûr, celui qui lui téléphone plusieurs fois par jour, mais ne fait que passer entre deux avions, la laissant seule, telle Pénélope attendant le retour d'Ulysse.

En février 1960, au Ritz, elle accorde une interview à Marlyse Schaeffer pour *France Soir*. L'entrevue, qui devait prendre dix minutes, va durer deux heures.

« Oui, Onassis et moi avons été liés mais ce n'est pas à cause de cela que sa femme a demandé le divorce. Depuis deux ans, elle souhaitait épouser un autre homme, tout le monde le savait. On m'accuse de tout. (…) On finira même par réussir à gâcher ce qui me reste d'Onassis : l'amitié. (…) On m'a surnommé la

Tigresse. Évidemment, je ris, je porte haut la tête. (…) Mais on a oublié que lorsque je parais, c'est pour gagner ma vie. Est-ce que vous croyez que je pourrais chanter comme je chante, si je n'étais pas sentimentale? Mais on m'a ôté jusqu'à la joie de chanter. (…) C'est devenu un véritable supplice. On m'attend au contre-*ut*, on ne me pardonne pas un rhume, une note enrouée. (…) Non, je n'ai plus envie de chanter. Je veux vivre, vivre comme n'importe quelle femme… Je peux durer encore quelque temps grâce à la vente de mes disques. (…) Ensuite, on verra. Je veux vivre. (…) Avoir un enfant: j'ai trente-six ans et personne dans ma vie. (…)»

Quelques jours plus tard, à un journal londonien, elle confie: «Mais oui, c'est exact, je vais épouser Onassis.» Dans son entourage, on reparle de fiançailles… L'annonce officielle se fera à Rhodes, lors d'une fête somptueuse, et c'est à Monte-Carlo, dit-on, que se déroulera la future cérémonie. Mais le milliardaire ne confirme rien et, bien au contraire, dément toutes les rumeurs: «J'aime beaucoup Maria, mais nous ne sommes que de bons amis.»

La passion de l'été serait-elle déjà morte? Si on continue à les voir souvent ensemble, au restaurant ou dans les premières, Maria, en ce début d'hiver 1960, se sent seule. Elle est belle, élégante, libre mais seule. Pour Onassis qui ne s'intéresse ni à l'opéra ni à ce qu'elle chante, l'important est qu'elle soit belle, célèbre, la première dans le spectacle, comme il est le premier dans les affaires, qu'elle l'admire et qu'elle soit à lui. Voilà tout. Hélas, en ce début des années 1960, Callas n'est déjà plus celle qui l'avait fasciné et ne le sera jamais plus.

Pour l'heure, Maria voyage, sort beaucoup, apparaît calme et souriante sur les photos alors qu'en réalité elle est très fatiguée, affaiblie par des chutes de tension incessantes et puis, elle se sent désemparée, malheureuse, sûrement. « Je veux vivre... avoir un enfant... » De véritables appels au secours ! Ou encore : « Aujourd'hui, je voudrais être une femme comme les autres, avoir des enfants, une maison, un chien. Quand j'ai connu Meneghini à Vérone, je l'ai épousé. Je croyais à l'amour. Ce n'était pas un mari, c'était un imprésario. Il a voulu profiter de ma gloire. C'est pourquoi nous ne sommes plus ensemble... Je voudrais tant avoir une vraie vie. Une vie privée. »

Privée de quoi ? De cette nuée de courtisans qui jour et nuit harcèlent Onassis ? Privée de ces emportements qui maintenant les dressent l'un contre l'autre de plus en plus souvent ? De ce tourbillon mondain qui fait les délices des journaux à sensation qui titrent « Folles soirées sur le yacht d'Onassis » ou « La nuit, Monte-Carlo lui appartient. Elle en est, jusqu'à l'aurore, la véritable princesse » !

26

LA RENAISSANCE

Elle ne peut pas se permettre de faire un faux pas…

Chez elle, Maria continue à travailler sa voix. Après sept mois de repos, elle se croit prête pour reprendre sa carrière, sur un rythme, toutefois, plus modéré que par le passé. Début juillet, elle se rend à Londres pour enregistrer, sous la direction de Tonini, des airs des *Vespri siciliani*, de *Semiramide* et d'*Armida*. Le résultat n'étant pas à la hauteur de ses attentes, elle décide, comme le lui permet son contrat avec EMI, d'interdire la sortie du disque.

Quelques jours plus tard, le 23 juillet, dans une méforme évidente, Maria va à Ostende pour un concert unique qui s'inscrit dans le cadre de la fête nationale belge. Mais la cantatrice souffre d'une trachéite et annule tout. Le scandale est immense, à la mesure de la déception des deux mille cinq cents spectateurs qui provoquent une véritable émeute devant les guichets du théâtre pour se faire rembourser. Le lendemain, la presse belge titre : « Un caprice de plus », « Elle a peur de chanter ! » avec des photos peu avantageuses à l'appui.

Dès lors, comment pourrait-elle aborder avec le calme nécessaire sa participation au festival d'Épidaure en Grèce, où elle doit chanter, entre le 24 et le 28 août, trois *Norma* sous la baguette de Tullio Serafin, dans une mise en scène d'Alexis Minotis, en compagnie de Mirto Picchi et Ferruchio Mazzoli ?

Les organisateurs avaient pourtant vu grand. D'abord, c'était la première fois que l'on présentait un opéra dans ce site si particulier, vestige fabuleux d'une splendeur passée, aux temps où la Grèce imposait sa culture à toute la Méditerranée. Et puis la venue de la diva représentait l'un des événements lyriques les plus importants de la saison.

Aristote, qui l'accompagne, se présente au père de « son amie ». Dans les gradins, quatorze mille personnes venues du monde entier attendent lorsqu'un orage éclate, noyant le spectacle et la joie des spectateurs sous des trombes d'eau.

« Ce soir-là, raconte Mirto Picchi, le bûcher de Norma ne se sera pas allumé pour elle et elle en fut heureuse. Elle resta quelques minutes dans sa loge en appuyant sa tête sur mon épaule avec un soupir. Dans ces gestes très humains, elle révélait sa véritable nature de femme très simple qui n'avait rien de cette tigresse dépeinte par la presse à sensation. Elle était une créature somme toute assez faible, sans véritables appuis qui puissent la soutenir dans les moments difficiles de manière bonne, désintéressée et affectueuse. »

Le 26 août, lors de la seconde représentation, Maria, toujours aussi tendue, ovationnée avant même de sortir une seule note, chante à la perfection, ce qui lui vaut d'être couronnée de lauriers au moment des saluts. La dernière représentation se passe tout aussi bien, malgré un état de santé médiocre, d'autant que, toujours généreuse, elle offre son cachet à la fondation qui porte son nom et qui aide les jeunes Grecques sans moyens à étudier la musique à l'étranger. En échange, le gouvernement grec lui remet « l'ordre de la bonne action ».

Rassurée sur sa voix, mais aussi sur son histoire avec Onassis, Maria passe une partie de l'été avec lui sur le *Christina*, le temps d'une courte croisière parsemée de fêtes somptueuses qu'elle organise. Reposée et amoureuse, elle est à Milan entre le 5 et le 12 septembre avec Serafin pour une seconde version en studio de *Norma* qui permet à tous de constater la reconquête de sa santé vocale, même si, parfois, l'on décèle une instabilité dans les aigus.

À ce moment-là, pourtant, Callas n'est plus seulement la maîtresse d'un richissime armateur, elle est redevenue la diva qui a bouleversé le monde de l'opéra. Et afin de bien montrer qu'il faut toujours compter avec elle, elle annonce son retour à la Scala : ce sera une création, qui fera l'ouverture de la saison.

Elle a choisi *Poliuto*, une œuvre en trois actes peu connue de Gaetano Donizetti, qui avait été créée à Naples en 1848 et qu'elle doit chanter cinq fois, entre le 7 et le 21 décembre. Elle y sera Paolina, encore une femme amoureuse qui accepte de mourir avec son époux parce qu'il refuse d'abjurer sa foi chrétienne. Auprès d'elle, Maria a souhaité avoir tous ceux qui lui avaient porté bonheur par le passé, ceux avec qui elle avait célébré les plus grandes heures de la Scala de l'après-guerre. Visconti met en scène, Votto dirige. Le ténor Franco Corelli et le baryton Ettore Bastianini sont à ses côtés et Nicola Benois signe les somptueux décors. Tout semble réuni pour la rassurer et faire de ce retour l'événement de la rentrée.

Très vite, cependant, la situation lui échappe. Visconti, furieux après la censure italienne qui vient de lui imposer des coupures dans son film

Rocco et ses frères, apprend que cette même censure lui interdit de monter *Arialda*, sa future pièce de théâtre, jugée scandaleuse. Ulcéré, il abandonne les répétitions en signe de protestation, laissant Herbert Graf lui succéder et Maria catastrophée. Elle déjà si angoissée ! Comment va-t-elle être accueillie ? Elle n'a pas chanté en Italie depuis plus de deux ans et les rancunes sont toujours tenaces. Sa séparation avec son mari, son aventure avec Onassis, les autres scandales ont donné d'elle une image on ne peut plus négative. Maria se sent « attendue » dans tous les sens du terme. Ses inconditionnels pour l'adorer, ses détracteurs, dont les admirateurs de la Tebaldi, pour la huer s'appuyant sur une rumeur qui annonce qu'elle est finie et que sa rivale est déjà en train de répéter pour la remplacer.

La veille de la première, Meneghini déclare : « Avec son retour à la Scala, Maria joue la plus dure bataille de sa carrière. Elle ne peut pas se permettre de faire un faux pas. Si elle le fait, elle est condamnée à tout jamais. »

Le soir du 7 décembre, le public des grands soirs, venu des quatre coins de l'Europe, s'est réuni dans le théâtre lombard qui affiche complet. Quatre mille personnes assises et plusieurs centaines debout. D'autres attendent dehors dans l'espoir d'un billet acheté au marché noir.

La salle est constellée de seize mille œillets offerts par le couturier français Pierre Balmain qui viennent s'ajouter aux nombreux autres bouquets et gerbes amoncelés jusqu'à l'avant-scène du théâtre. Le public de Callas, noyé dans le brocart et le lamé, où les visons côtoient les chinchillas et les zibelines, a préféré cette année « aux diadèmes peu nombreux, les parures, surtout en émeraudes, saphirs et turquoises ». Autour du maire, un juste dosage d'hommes politiques et d'ambassadeurs accompagnés de leurs épouses côtoient le prince Rainier et la princesse Grace de Monaco, Benito Nardonne, le président de l'Uruguay, mais aussi Onassis et… Elsa Maxwell ! Le lendemain, un journaliste qui de toute évidence n'avait pas bien regardé ce soir-là la commère américaine s'exclamera, enthousiaste : « Seule la Scala peut réunir autant de beauté féminine. »

La soirée semble bien engagée, ce que confirme l'ouragan d'applaudissements qui salue l'arrivée de Maria, sublime dans sa robe de velours noir brodée de jais. Et tout s'enchaîne comme dans un rêve, acte après acte, salué par des dizaines de rappels. Un lent crescendo qui aboutit en forme de consécration à la remise de la médaille d'or de la Scala qui récompense Maria en larmes pour les « soirées historiques » qu'elle a données dans ce théâtre. Un souper est offert en l'honneur de la diva.

Le triomphe a été tel que les critiques ne peuvent que traduire leur admiration, mettant pour une fois leurs réserves entre parenthèses. Ainsi, le *Musical Times* déclare : « Elle fut magique et au sommet de son art, mais si l'on reconnaît sa ligne de chant que personne d'autre ne possède et la technique de l'ornement vocal poussé à la perfection, sa voix jugée d'après des critères normaux peut paraître "laide" avec une couleur métallique accentuée qui lui est inhabituelle. Cependant, il se trouve qu'aucun des critères normaux n'est applicable à une personnalité artistique exceptionnelle. » Renzo Rossellini, dans *Il Messaggero,* affirme : « Il est impossible de juger Maria Callas à l'issue de cette soirée. Elle doit tenir compte de l'attention et de la curiosité. Elle est à la fois objet d'amour et de haine. Dans de telles circonstances, ouvrir la bouche est déjà héroïque. C'est une artiste digne d'admiration et digne du plus grand respect. » Une chose est certaine, Maria demeure la plus grande des tragédiennes de l'opéra, comme le souligne Jacques Bourgeois : « Sans doute, il n'existe pas aujourd'hui de personnalité lyrique comparable. Le moindre geste ou attitude est un miracle d'expression juste et dégage une beauté saisissante. »

L'année 1960 s'achève donc sous d'excellents auspices. Et déjà, l'on parle de nouveaux contrats. La rumeur, toujours, affirme que Maria serait prête à s'installer à Monte-Carlo pour y donner des œuvres de son choix. Onassis n'est-il pas en train de faire restaurer le merveilleux Opéra Garnier assorti d'un nouvel auditorium ? Mais Maria n'ira pas à Monaco. Elle préfère s'installer à Paris où réside le plus souvent le milliardaire grec lorsqu'il séjourne en Europe.

Professionnellement, l'année qui commence s'annonce donc éclatante. La Scala demande à Maria de faire l'ouverture de la saison. Les plus grands théâtres du monde souhaitent la revoir sur leur scène. Covent Garden lui propose successivement, *Salomea*, *Der Rosenkavalier*, *Macbeth*, *Il Trovatore*, et *Don Carlo*. Le Met, oubliant les querelles passées, pense à elle pour créer *Beatrice di Tenda* de Bellini, le Civic Opera de Dallas l'imagine dans *Orfeo*… Mais finalement, rien ne se concrétisera si ce n'est, au printemps, un enregistrement de plusieurs airs en français pour EMI, à la salle Wagram, sous la direction de Georges Prêtre, où elle tient encore une fois les rôles les plus différents de Carmen à Dalila, de Juliette à Chimène…

De cet album, le critique Marcel Claverie dira : « Callas n'est pas une voix, c'est un personnage. Et ce personnage a une voix. Autour de cette voix, des controverses passionnées. On entend "la plus belle voix du monde", "sublime", "divin", mais aussi "elle tremble", "elle crie", "c'est poitriné". Les écoles s'affrontent. Chacun a raison et tout le monde a tort… Inévitablement, cet enregistrement va ranimer les controverses… La Callas spectaculaire qui affronte des territoires opposés, avec de graves défauts, dit-on… mais aussi avec ce tempérament, cette présence, ces accents inimitables qui n'appartiennent qu'à elle… Cette vérité, que peut-être d'autres chantent mieux mais qu'elle est seule à vivre. »

Un mois après cet enregistrement, le 31 mai, déçue et agacée de voir que ce qui passionne la presse, ce ne sont plus ses prestations, mais ses projets matrimoniaux et les pronostics qu'ils génèrent, elle donne un nouveau concert au Saint James Palace de Londres, avec des extraits de *Norma*, de *Don Carlo*, du *Cid* et de *Mefistofele*.

Entre les articles sur Gagarine, qui vient d'effectuer le premier vol spatial, et les commentaires divers et variés sur le débarquement raté des

Américains dans la baie des Cochons, les chroniqueurs mondains les plus pessimistes murmurent que l'histoire de la diva et du milliardaire n'aura été qu'un feu de paille, une passion vite éteinte et que, déjà, Onassis la tromperait... Ils parient aussi sur un retour au foyer de l'armateur. La preuve ? Il aurait annulé une croisière sur le *Christina* pour se précipiter au chevet de Tina, hospitalisée dans une clinique anglaise après s'être cassé une jambe. Et puis ses enfants détestent cordialement la diva ! Son fils Alexandre ne lui a-t-il pas lancé cet ultimatum : « Si tu épouses la Callas, je ne te reverrai jamais ! » Enfin, Maria a commencé à raconter ses souvenirs pour le *Sunday Times,* ce qui ne convient pas du tout à son amant.

Les optimistes, au contraire, remarquent qu'ils sont de plus en plus souvent ensemble. Que Maria est de plus en plus belle, de plus en plus douce. Qu'ils ont été reçus très officiellement par le très catholique couple princier monégasque. On murmure même que Winston Churchill, l'idole d'Onassis, aurait accepté d'être son témoin. Pendant ce temps-là, Callas et Onassis sont à la recherche d'une demeure en France, un château du XVIIIe siècle en Indre-et-Loire, par exemple. La nouvelle est à peine lancée que tout le monde est au courant de leur visite. À l'entrée du château, autour de la Jaguar blanche, une cinquantaine de journalistes sont déjà là... Maria entre dans une colère folle, sort de l'auto et se précipite sur eux en hurlant : « Allez au diable, nous ne sommes pas des marionnettes ! » pendant que, de son côté, Onassis distribue, avec enthousiasme, coups de poing et coups de pied autour de lui. Là encore, ces photos feront le tour du monde !

Maria et Aristote ne seront jamais châtelains.

Après une longue croisière sur le *Christina* qui les conduit à Palma de Majorque pour l'inauguration de l'un des plus luxueux hôtels du monde, en compagnie du prince Rainier et de la princesse Grace de Monaco, Maria retrouve la Grèce pour y travailler. Ravie de l'accueil qu'elle avait reçu l'an passé au théâtre d'Épidaure, elle a accepté d'y revenir pour deux *Medea* sous la direction de Rescigno, entre le 6 et le 13 août.

Pendant que les Soviétiques s'apprêtent à construire le mur de Berlin qui provoquera une nouvelle crise mondiale, dix-neuf mille spectateurs réservent un triomphe exceptionnel à Maria qui a recouvré sa voix, sa forme et son énergie. Elle est radieuse et gardera de ce moment un souvenir toujours amusé à l'évocation des deux petits garçons qui jouaient les enfants qu'elle devait tuer et qui, durant l'une des répétitions, s'étaient enfuis en courant, terrorisés. « Si vous rencontrez plus tard deux petits vieux tout agités de tics, peut-être ont-ils joué, étant enfants, *Medea* avec moi et ont-ils été traumatisés pour la vie ! »

Couverte une deuxième fois d'or, mais sous forme de médaille offerte par le maire d'Athènes, Maria le soir de la première retrouve sa sœur Jackie qu'elle n'avait pas vue depuis des années. L'intérêt soudain de la cantatrice pour son aînée n'est peut-être pas tout à fait innocent. Jackie, qui, dit-on, s'apprêterait à publier ses Mémoires, va quelque temps plus tard s'installer dans une somptueuse villa proche de celle de Maria qui la lui a offerte à Glyphada, près d'Athènes !

Faut-il voir là une relation de cause à effet ?

Alors que tout le monde l'embrasse, que le directeur de la Scala ne tarit pas d'éloges sur son talent et s'impatiente dans l'attente de la revoir bientôt sur la scène de son théâtre, Maria ne pense qu'à celui qui n'est pas là. Celui qui, depuis leur rencontre, n'avait jamais manqué un rendez-vous important dans sa carrière n'est pas venu. Onassis, à bord de son yacht, vogue vers Alexandrie. Pour comble de malheur, Meneghini vient d'entreprendre en Italie une nouvelle procédure afin de casser le jugement du tribunal de Brescia. Les torts partagés ne lui conviennent plus. Il veut «blanchir son nom». Maria est à ses yeux la seule responsable de l'échec de leur mariage. «Ce qui m'a poussé à cela? C'est la colère, qui m'a pris devant les innombrables photos de ma femme en compagnie d'Onassis. Une idylle aussi officielle nuit à ma réputation.» Outre sa réputation, le Véronais y voit également une excellente occasion de récupérer quelques sommes non négligeables!

À tout cela s'ajoute le «retour» d'Evangelia qui fait à nouveau parler d'elle. À soixante-deux ans, elle doit encore travailler, faire de pénibles travaux de couturière et se dit abandonnée par sa richissime fille qu'elle n'a pas revue depuis douze ans. Aux journalistes qui l'interrogent, elle demande : «Regardez comment ma fille m'oblige à vivre. Ne pourrais-je pas me reposer à mon âge?» Si les travaux de couturière laissent la presse américaine de marbre, son projet de chanter à son tour et de faire carrière excite les journalistes au plus haut point. Elle leur a en effet annoncé le plus sérieusement du monde qu'elle préparait un récital. Les quelques spectateurs présents dans la salle ne seront là que pour rire, bien loin de se douter que ce spectacle est surtout l'expression pathétique du désespoir d'une femme qui, quelques semaines plus tard, tentera de se suicider.

Ce cri de douleur va bouleverser Maria qui décide d'installer sa mère dans une très confortable maison de repos à l'indignation d'une presse, qui, bien sûr, ne voit là que l'ingratitude d'une fille indigne.

Au mois de novembre, Callas est à Londres pour enregistrer un nouvel album, toujours pour EMI, sous la direction de Tonini. Un florilège du bel canto, avec *Il Pirata, Lucrecia Borgia, Anna Bolena, Semiramide, La Cenerentola* et *Guillaume Tell*. Mais comme l'an passé, insatisfaite du disque, elle en refusera la sortie. Seul le final du *Pirata* sera édité en 1971.

Début décembre, Maria est de retour à Milan pour y faire l'ouverture de la saison à la Scala avec trois Medea, entre le 11 et le 20 décembre. La distribution est un rêve. Outre Callas, on y trouve Jon Vickers, Giulietta Simionato et Nicolaï Ghiaurov sous la direction de Thomas Schippers. Le public a payé des sommes folles pour voir la cantatrice, seulement Maria est malade, sa gorge est enflammée. La voix ne suit pas. Des sifflets jaillissent du poulailler jusqu'au moment où Medea-Callas, devant lancer à Jason-Jon

Wickers son fameux cri « crudele » qu'elle doit répéter deux fois, s'arrête net au lieu de le reprendre. L'orchestre l'imite et fait silence. Maria cesse alors de regarder son partenaire, se tourne vers le public du paradis, et lui adresse ce second « crudele » qui brise violemment le lourd silence qui s'est abattu sur la salle... puis elle enchaîne comme si de rien n'était. Il n'y aura plus un seul mouvement d'humeur jusqu'à la fin de la soirée où elle sera ovationnée.

Le lendemain de la dernière représentation, après avoir assuré à son public qu'elle reviendra chanter à la Scala pour clore la saison, Maria s'envole vers Monte-Carlo célébrer Noël en compagnie d'Aristote Onassis.

27

LA DIFFICILE RECONQUÊTE

« J'ai donné tout mon cœur, toutes mes forces.
Était-ce une erreur ? »

Sur le plan professionnel, Maria commence l'année 1962 au Royal Festival Hall de Londres avec une série de concerts sous la direction de Georges Prêtre.

Le 27 février, aux œuvres qui ont fait sa gloire comme *Macbeth*, *Anna Bolena* et *Oberon* elle ajoute quelques rôles de mezzo-soprano tels que la Cenerentola ou Eboli. Ce désir de dépassement qui l'a toujours habitée est plus présent que jamais à un moment où les vertiges de la coloratura aiguë lui sont interdits. Et la critique est extrêmement sévère. *Le Sunday Telegraph* évoque «une diva sur la pente descendante». Pour le *Time*, «Beaucoup des sons que produit maintenant madame Callas sont franchement laids, perçants, enroués, mal stabilisés et même faux...

Elle sauve le spectacle par sa qualité dramatique et son extraordinaire musicalité. » D'autres, enfin, remettent en cause la composition du programme qui ressemble plus à une exhibition qu'à un concert signé Callas.

Le temps de prendre un peu de recul et Maria part en République fédérale d'Allemagne pour dix jours, entre le 12 et le 23 mars, afin d'y donner le même concert, à quelques exceptions près, au Deutsche Museum de Munich, au Musikhalle de Hambourg, au Städtischer Saalbau d'Essen, enfin au Beethoven Halle de Bonn.

Le mois suivant, elle est de nouveau à Londres afin d'enregistrer sous la direction de Tonini les airs qu'elle chante en concert. Mais là encore, et pour la troisième fois, Maria, mécontente du résultat, interdira la sortie du disque. Or, lors du récital du 27 février, elle avait rencontré David Webster, administrateur du Covent Garden, qui lui avait renouvelé son désir de monter avec elle *Les Huguenots* de Meyerbeer. Joan Sutherland, alors au sommet de sa forme vocale, devait être sa partenaire. Maria, qui était sur le point d'accepter, se retira du projet après cet enregistrement raté.

En mai, sa tournée la mène au Madison Square Garden de New York pour un concert unique. Dans la salle, aux côtés d'Onassis, le nouveau président américain, John Fitzgerald Kennedy, qui vient de fêter son quarante-quatrième anniversaire, et son épouse, Jackie, applaudissent à tout rompre. Maria Callas, accompagnée au piano par Charles Wilson, vient de chanter deux airs de *Carmen*, « la Habanera » et « la Séguedille » qu'elle a rodés en RFA le mois dernier et qu'elle a « bien en voix ». À la fin du spectacle, chaleureusement accueillie par Jackie Kennedy, comment Maria Callas pourrait-elle se douter que cette femme, la première dame des États-Unis, allait bientôt entrer sur la scène de sa vie privée ! À la presse, qui ne cesse de l'interroger, Maria déclare :

« Oui, je suis amoureuse comme à dix-huit ans et je n'ai pas honte de l'avouer. On a insinué que j'aimais Onassis pour ses milliards. Quelle stupidité ! Si je le désirais, je pourrais m'acheter un yacht presque aussi beau que le *Christina*... Pourquoi j'aime Onassis ? Parce que c'est le premier homme qui m'a traitée comme une femme et non comme une machine à faire de l'argent. Parce que c'est lui qui m'a offert mes premières vacances ! Parce qu'il respecte mon indépendance et que s'il me pousse à accepter tel ou tel contrat, ce n'est pas pour toucher vingt pour cent de mes cachets ! Si je n'avais pas un homme à moi, mes nerfs flancheraient et mon cœur, déjà vieux, ne résisterait pas non plus... »

« Un homme à moi ! » Pourtant Onassis semble de plus en plus loin d'elle. Alors qu'elle doit une nouvelle fois affronter les juges pour tenter de trouver un accord avec son ancien époux, le milliardaire assiste seul au mariage de don Carlos d'Espagne et de Sophie de Grèce.

En Italie, Meneghini s'acharne à « faire payer », dans tous les sens du terme, Maria. Après plusieurs heures d'audition, celle-ci lance aux journalistes qui l'attendent à sa sortie du palais de justice de Milan : « Chacun a sa croix et moi, je porte la mienne ! »

Le 23 mai, à la Scala, elle reprend le rôle de Medea avec la même distribution. Mais Maria est dans une méforme absolue. Ses sinus la font horriblement souffrir et sa voix se brise quelques instants après son entrée en scène. Elle finit le spectacle largement en dessous de ses moyens et, si le public l'applaudit, c'est sans doute davantage pour lui exprimer son amour et son admiration que pour ses performances vocales. La critique, quant à elle, est moins magnanime : « Prestation pitoyable », « Callas a perdu sa voix ». La soirée du 2 juin qui n'est pas meilleure sera la dernière apparition de Maria sur cette scène qui avait pourtant fait d'elle une immense diva. Fatiguée, souffrante, Maria se taira pendant plusieurs mois.

La Callas a-t-elle trop chanté ? A-t-elle usé prématurément cette voix qui avait tant enflammé les amateurs de chant ?

Ses admirateurs ont beau déclarer qu'elle a eu la plus belle voix du monde, l'analyse du célèbre critique John Ardoin est sans doute plus proche de la réalité : « Sa voix n'était pas ce que l'on appelle traditionnellement une belle voix. Basse, avec des résonances profondes et une sorte de vibration magnétique, elle produisait un effet obsédant. Impossible à oublier pour peu qu'on l'ait entendue une fois. La Callas avait, en outre, cette particularité unique des cantatrices contemporaines d'être en mesure de modeler son timbre en fonction des personnages qu'elle interprétait ; et son registre était tellement étendu qu'à l'apogée de sa carrière il lui permettait de chanter la totalité du répertoire féminin. »

Mais c'est sans doute le directeur artistique Walter Legge qui, dans ses Mémoires, approche au plus près les particularités de cette voix unique : « Maria Callas était dotée de cet élément indispensable à toute grande carrière : un timbre immédiatement identifiable. C'était une grande voix qui s'étendait sur presque trois octaves... La qualité de sa voix était somptueuse et la technique phénoménale. Callas possédait en fait trois voix différentes qu'elle colorait à volonté pour obtenir l'expression souhaitée… Il n'y avait pas de difficultés techniques ou musicales que sa voix ne puisse résoudre avec une aisance et une souplesse incroyables… Dans toute la musique du XIXe siècle pour soprano, on aurait eu du mal à trouver une seule mesure qui passe vraiment ses possibilités… Dans le médium, la voix était naturellement de coloration sombre. C'était le registre le plus expressif, elle y était capable du legato le plus voluptueux. Elle y produisait un son qui n'était qu'à elle, comme si elle chantait dans le goulot d'une bouteille. C'est sans doute le fait d'un palais en "ogive" bien différent du palais normal en forme de "voûte romaine". Elle avait aussi la cage thoracique singulièrement longue pour une femme de sa taille et les muscles intercostaux étaient certainement bien entraînés. Ces différentes particularités physiques lui procuraient une aptitude inusitée à chanter et à moduler de longues phrases sans reprendre son souffle et sans qu'il paraisse lui en coûter… Elle réussissait à "poitriner" plus haut que la plupart des chanteuses. »

Mais en cette fin de printemps 1962, Maria n'a que faire de toutes ces considérations. Elle a trente-huit ans et s'inquiète surtout de savoir si un jour elle pourra chanter à nouveau les opéras qu'elle a tant aimé interpréter et qu'elle a dû, peu à peu, abandonner en raison de sa fatigue. Pourtant, le monde entier la réclame toujours. Alors, pour ne pas paraître trop amoindrie, elle demande des cachets exorbitants afin de décourager les plus entreprenants. Maria étant absente de la scène, la presse à scandale semble un temps l'oublier au profit d'un nouveau centre d'intérêt : les nouvelles aventures amoureuses du milliardaire grec.

En effet, on a beaucoup vu Onassis avec de très belles femmes et notamment au plus près de la sœur de Jackie Kennedy, la princesse Radziwill, qui a fait partie de la fameuse croisière estivale sur le *Christina*. Meneghini en profite pour déclarer à la presse que cette nouvelle idylle de l'armateur est la preuve que ce dernier n'a jamais aimé Maria Callas et que lui, Meneghini, avait depuis longtemps prédit ce dénouement.

Pendant ce temps, Maria se protège. Elle vit entre Paris et Monte-Carlo, se repose, dort beaucoup, et n'oublie pas pour autant d'entretenir quotidiennement sa voix. Car elle ne s'estime pas finie.

Au début du mois de novembre, après six mois de réclusion, elle arrive à Londres, avec une «force de lionne», pour enregistrer un concert à la BBC. Elle doit chanter deux extraits de *Carmen*, les mêmes qu'elle avait interprétés au Madison Square Garden en mai dernier, ainsi que «Tu che le vanità», extrait de *Don Carlo*. C'est Georges Prêtre, son complice, qui l'accompagne. Et l'on crie au miracle! Callas semble avoir retrouvé toute son énergie, toute la puissance de sa voix. Immédiatement les propositions affluent. Mais Maria les refuse. «Pas encore», dit-elle toute de charme, avant d'annoncer qu'elle doit se faire opérer d'une hernie qui handicape sa respiration ventrale.

Et pourquoi ne pas tourner sous la direction de John Huston qui prépare une superproduction comme seule Hollywood est alors capable de réaliser: *La Bible*? Maria a été pressentie pour être Sarah, l'épouse d'Abraham, auprès des plus grandes stars du moment: Marlon Brando, Orson Welles et Paul Newman. Un projet pharaonique qui n'aboutira jamais.

28

CALLAS DEVIENT PARISIENNE

« Je ne suis pas une bête curieuse ! »

Janvier 1963. Hospitalisée à Milan pour son opération, Maria reçoit chaque matin Aristote, les bras chargés de roses blanches. Les photos publiées dans les journaux du monde entier vont raviver les rumeurs sur les projets matrimoniaux du milliardaire et de la diva.

Est-ce pour abriter leur couple qu'Aristote entraîne la convalescente à la recherche de la villa idéale ? Un temps séduite par la maison de Luis Mariano au Vésinet, Maria recevra finalement en cadeau l'ancienne demeure d'Alexandre de Yougoslavie à deux pas du Trianon, à Versailles. Mais elle n'y vivra jamais. Au somptueux présent d'Onassis, elle préférera un appartement tout proche de ce dernier, acheté grâce à la vente de celui de Milan. Dès lors, le 44 de l'avenue Foch résonnera à la fois des sons mélodieux de la voix de Maria Callas répétant et de ceux, nettement moins harmonieux, de ses disputes avec Onassis, à la grande exaspération de Fernandel, son voisin de palier.

Devenue parisienne, Maria, qui n'envisage plus d'enregistrer ses albums ailleurs qu'à Paris, pour plaire à ce public qui lui a toujours trouvé des excuses même s'il l'a bien peu vue, va lui offrir un disque composé d'airs français. À la salle Wagram, du 2 au 7 mai, sous la direction de Georges Prêtre, elle enregistre également des airs de *La Damnation de Faust*, des *Pêcheurs de perles*, de *Manon Lescaut*, de *Werther* et d'*Ifigenia in Tauride*.

Michel Glotz, qui supervise l'enregistrement, et que Maria Callas aime et admire pour ses grandes qualités de directeur artistique, écrit : «Pour choisir une prise, elle ne s'arrêtait jamais sur celle dont la qualité vocale était la plus belle, mais sur la plus expressive. Elle affirmait : "Je ne suis pas une chanteuse qui joue mais une comédienne qui chante..." L'émotion de "La petite table", la tristesse de "L'air des lettres", la grandeur d'Ifigenia in Tauride, les mille et une couleurs que revêt une des plus belles voix du siècle sont autant d'enchantements pour l'oreille du musicien. Et si chaque interprétation semble émaner d'une personnalité hors pair et revêtir une originalité incomparable, il n'est cependant pas moins vrai que chaque nuance, chaque temps indiqué par les compositeurs ont été scrupuleusement respectés. Maria Callas a trouvé en Georges Prêtre un partenaire aussi sûr sur le plan du style que dynamique, profondément émouvant et efficace. Il n'est pas une intention qui ne leur soit commune, une expression poétique qui ne s'exprime semblablement à travers la voix de l'une et l'orchestre de l'autre. »

Maria acceptera la parution de cet enregistrement avant de repartir, toute confiance retrouvée, pour une série de concerts avec la tendre complicité de Georges Prêtre qui la mène en Allemagne, au Royaume-Uni, au Danemark et à Paris où elle est le 5 juin, au Théâtre des Champs-Élysées.

Le public français est toutefois un peu inquiet. Tant de choses ont été dites sur l'état de la diva, sur sa santé, sa voix. Des envoyés spéciaux se rendent même à Londres pour l'écouter le 31 mai. Dans *L'Aurore*, René Sirvin écrit à son retour : « On a dit et répété que la Callas, de toute façon, était finie… Je suis allé à Londres pour me rendre compte du cas Callas. Eh bien, je vous assure que c'est extraordinaire et qu'il est temps de faire cesser tous ces faux bruits. Quand elle apparaîtra sur la scène du théâtre de l'avenue Montaigne, à Paris, vous vous exclamerez comme moi et plus de trois mille Londoniens : "Dieu qu'elle est belle !" Grande, mince, souriante, élégante et souple comme un mannequin mais qui refléterait l'intelligence, elle apparut sur le podium du Royal Festival Hall dans une longue robe blanche brodée, un corsage noir largement décolleté en pointe et une ceinture rouge, et seulement deux diamants, mais énormes, aux oreilles. Quel charme ! Quelle jeunesse ! Elle ne paraît pas trente ans. Les hommes et même les femmes se disputaient leurs lorgnettes pour l'admirer. Elle fut acclamée de partout, même par derrière, car deux cents personnes avaient pu trouver place derrière l'orchestre, sur les gradins habituellement réservés aux choristes. La salle, excitée et chauffée à bloc par la direction tout à fait extraordinaire de Georges Prêtre, lui fit de larges ovations dès la première partie. Un spectateur sauta même de son fauteuil pour remettre à la Callas une rose rouge, unique, comme son idole. » Effectivement, Maria est dans une forme vocale exceptionnelle et d'autres articles, plus techniques, soulignent sa résurrection : « Maria Callas, qui semble avoir renoncé à son flirt avec le répertoire mezzo-soprano, a certainement retravaillé dur... Le souffle est moins parfait qu'il ne fut, mais l'instinct dramatique est toujours là, l'art du phrasé et sa musicalité toujours insurpassé... L'extrait de *Nabucco*, par exemple, fut extraordinaire à tout point de vue. »

Le gala du Théâtre des Champs-Élysées, une œuvre caritative organisée par les chevaliers de Malte, doit être retransmis à la radio. Maria, qui s'est installée dans une suite du Ritz, répond avec complaisance aux journalistes venus l'interviewer lorsque, soudain, la nouvelle tombe : ayant appris que les chevaliers de Malte avaient presque entièrement réservé la salle pour leurs donateurs, elle refuse de chanter. Au directeur du théâtre, elle écrit pour justifier sa décision : « Je ne nourris aucune espèce de préjugé contre les chevaliers de Malte, mais je ne suis pas une bête curieuse. »

André Malraux, alors ministre de la Culture, qui avait accepté de prêter l'une des tapisseries des Gobelins pour décorer la scène, intervient avec succès. Et le 5 juin, Maria est là. Si la mort du pape Jean XXIII a quelque peu assombri l'enthousiasme des chevaliers, le public des grandes premières est aux anges. Dans la salle fleurie par les roseraies du Val de Loire, on s'arrache les somptueux programmes à l'intérieur desquels sont accrochées de petites clefs de voiture qui permettront à l'heureux gagnant de la tombola de repartir cette fois-ci avec la Renault flambant neuve exposée dans le hall du théâtre. Olivier Merlin écrit dans *Le Monde* : « Sa célèbre taille mannequin, moulée dans une longue robe de shantung rouge cardinal, sans autre parure qu'une fleur ancienne de rubis et de diamants piquées à la ceinture, sa masse de cheveux auburn lisse et relevée en pain de sucre, souriant avec grâce, charmeuse jusqu'au bout des ongles, elle n'a qu'à avancer devant les violons pour recevoir l'hommage du parterre. » Et enfin, elle chante ! Elle a soigneusement évité les tessitures vertigineuses. Le programme est pratiquement le même que celui qu'elle a interprété en concert en Allemagne et qu'elle a enregistré sur disque un mois plus tôt. Maria est follement ovationnée. Debout parmi les invités de marque, Maurice Chevalier, Romy Schneider, la Bégum et tant d'autres, tête renversée, lui crient leur amour.

Le lendemain, la presse est pourtant partagée. Élégante, sous la plume de Bernard Gavoty qui, dans *Le Figaro* du 7 juin, écrit : « Maria Callas s'est montrée une artiste exceptionnelle. C'est sur ce point de vue qu'il faut la juger, je m'y tiendrai. J'ai applaudi la femme, la comédienne, autant que la cantatrice... Mais il est bien évident que sur le plan purement vocal, des réserves s'imposent… Mais voilà que je m'abandonne à la critique alors que je m'étais juré de ne pas en faire ! » Hostile pour ne pas dire grossière, lorsque Jacques Bourgeois se laisse aller à la facilité : « Maria Callas ressemble à l'Acropole. Encore plus belle depuis qu'elle est en ruine. »

*

Après ce printemps bien rempli sur le plan professionnel, Maria s'arrête à nouveau pendant plusieurs mois pour reposer cette voix toujours très fragile. Fin juin, elle rejoint Aristote Onassis sur le *Christina*. Direction ? Une île à proximité de la côte ouest du Péloponnèse, un petit paradis que le milliardaire vient de s'offrir et qui porte le nom de Skorpios.

*

À bord, la princesse Radziwill est déjà installée. L'atmosphère est à couper au couteau et les titres dans les journaux implacables : « Le cœur du milliardaire bat pour une autre femme », ou « Une belle princesse jette une ombre sur les amours de Callas ». Une ombre vite dissipée lorsque Maria, ne pouvant plus supporter l'attitude d'Onassis, rentre à Paris tandis que Lee Radziwill part précipitamment pour les États-

Unis où sa sœur Jackie Kennedy vient de perdre l'enfant qu'elle portait.

Malheureuse et déstabilisée, Maria se remet au travail, salle Wagram. Elle prépare plusieurs airs de Beethoven et de Mozart qu'elle enregistre en décembre. Mais, surtout, elle s'apprête à faire son retour à Covent Garden, avec *Tosca*, entre le 21 janvier et le 5 février. Elle n'a pas chanté cette œuvre de Puccini depuis 1958. Renato Cioni et Tito Gobbi seront ses partenaires. Le maestro Cilliario conduira l'orchestre, Franco Zeffirelli signera la mise en scène. Une affiche très séduisante !

Zeffirelli fourmille d'idées. Sachant l'œuvre archi-connue, il s'efforce de faire de Floria un personnage nouveau. Il l'imagine simple, chaleureuse, exubérante, et même un peu négligée. Maria, séduite, s'investit totalement dans ce rôle qu'elle avait oublié.

Le 21 janvier 1964, jour de la première, Maria est souffrante, un début de bronchite. On lui propose de reporter le spectacle. Elle refuse : « Si Dieu le veut, ça ira ! » Et Dieu le veut, car c'est un triomphe. Le spectacle de Zeffirelli est d'une rare beauté. Le rideau se lève sur une Callas toute de rouge vêtue, radieuse de féminité, des fleurs des champs dans les bras. Un vrai bonheur pour le public anglais ! « Pour un peu, dit Zeffirelli, et si ce n'était pas dans une église, elle ferait l'amour sur scène en retrouvant Mario... » Callas a reconquis une forme vocale qui étonne dans ce rôle où ses dons de tragédienne vont de pair avec ses dons de musicienne. Le zénith dramatique de la diva semble encore dépassé. L'épanouissement de l'actrice atteint des sommets insoupçonnés et son chant d'oiseau blessé, victime d'une machination perverse qui se joue contre elle et malgré elle, paraît comme libéré des contraintes antérieures. Sergio Segalini écrira : « Il faut avoir vu Callas à la fin du deuxième acte reprendre toutes ses forces, et dans un moment de panique et d'horreur, assassiner le baron Scarpia dans un constant besoin de justification, pour se rendre compte de ce que peut être le théâtre lyrique. »

À la fin du spectacle, trente-cinq minutes d'applaudissements couronnent sa performance. Après cinq autres représentations de la même qualité, Tito Gobbi, le soir de la dernière, rendra hommage à sa partenaire en déclarant : « Maria était Tosca à chaque seconde... Elle était vraie, authentique, sans clichés... Si quelque chose d'inattendu se produisait, comme le soir où elle tomba accidentellement, c'était absorbé par le drame. Personne dans le public ne s'apercevait de l'incident et ne pouvait imaginer que nous ne l'avions pas décidé ainsi. Nous nous adaptions l'un à l'autre, nous nous sentions totalement libres de réaliser nos rôles. Une meilleure que Callas, nous n'en verrons jamais. »

Galvanisée par ce retour parfaitement réussi, Maria rentre à Paris pour continuer ses enregistrements et préparer au palais Garnier la reprise de *Norma*, l'un de ses rôles fétiches, qu'elle n'a pas chanté depuis 1960 à Épidaure. Elle a signé pour huit représentations, réparties du 22 mai au 24 juin, dirigées par Georges Prêtre et mises en scène par Franco Zeffirelli.

Alors que Maria travaille avec acharnement, la presse fouille dans sa vie privée. On apprend que son père s'est finalement remarié avec Alexandra Papajohn, la femme qui partageait sa vie, sans prévenir sa fille. *L'Aurore* annonce qu'un nouvel homme serait entré dans la vie de la cantatrice. On murmure qu'il s'agirait du maestro Georges Prêtre que l'on voit régulièrement à son côté dans les soirées mondaines.

Le 22 mai, le palais Garnier est comble. Aux premiers rangs du parterre, on reconnaît Mélina Mercouri et son mari Jules Dassin, Romy Schneider, madame Georges Pompidou et la princesse Grace de Monaco ainsi qu'André

Malraux. Et, surprise ! Aristote Onassis est venu à Paris avec toute une bande d'amis.

Encore une fois Zeffirelli s'est surpassé avec une production qui rend hommage à Maria Callas en la reliant idéalement à l'univers de Maria Malibran et de Giuditta Pasta.

Et Maria donne le meilleur d'elle-même, pour le plus grand bonheur d'un public ébloui. Jacques Bourgeois, qui semble avoir oublié la *Tosca* de Londres, est cette fois dithyrambique : « Il faudrait recréer le sens du mot "inouï" pour l'appliquer à Maria Callas, inventer un mot tel qu'"invu", caractérisant le spectacle qu'elle nous offre… Un de mes confrères lui reprochait récemment de ne pas servir l'art lyrique contemporain en se cantonnant dans un répertoire du siècle dernier. Mais il n'existe pas dans l'opéra moderne de rôle pour une "prima donna assoluta"… » Zeffirelli, lui, dira : « Chaque élément de son jeu était réduit à la quintessence… Elle a gagné Paris en profondeur, en réalité, en humanité. »

Hélas, les représentations sont inégales. Certains soirs, les aigus paraissent difficiles, d'autres, le vibrato trop large… Peu importe, Callas offre à Paris la démonstration la plus raffinée d'un art qui demeure incomparable. Le miracle technique du « Casta diva », l'extase presque mystique du « O rimembranza », les éclats de fureur retenue de «Trempa per te», le legato douloureux de la cantilène «Dormono entrambi» n'ont, à ce jour, pas été dépassés par d'autres cantatrices, même aux plus glorieux moments de leur carrière.

Pour bien comprendre la passion que Maria Callas communiquait à son public, il faut se reporter au 6 juin lorsque, parvenue au dernier acte, sa voix se brisa soudain, suscitant un cri isolé, certes, mais convaincu :

– Au vestiaire !

Ce fut le signe du combat. Une femme d'un certain âge arracha les lunettes d'un jeune homme «anti-Callas», tandis qu'Yves Saint Laurent, la quintessence de la bonne éducation, donnait des coups de pied à droite et à gauche… «On vit des femmes très élégantes et des messieurs en smoking s'invectiver d'une manière que l'on croyait réservée aux marchandes de poisson», écrivit Sylvie de Nussac. On se flanquait des gifles !

– C'est une honte ! cria quelqu'un.

– Vous ne comprenez rien à l'opéra ! dit un autre.

– Moi ? Mais monsieur… J'aime l'opéra !

Et dans ce tumulte, il y avait un monsieur aux cheveux blancs qui n'arrêtait pas d'applaudir. C'était Charlie Chaplin…

Rudolf Bing, qui était là aussi, déclara :

« L'opéra ne peut pas vivre sans une femme pareille. J'ai l'impression de faire un rêve, l'ancienne magie est revenue ! Quant aux manifestants, je me contrefous de ces pauvres crétins ! »

Dans la coulisse, Callas, brisée, confiait à son ami Michel Glotz :

– Je ne peux plus supporter cette guerre des nerfs !

– Vous êtes si grande… lui répond-il.

– Je donnerais bien un peu de ma grandeur pour avoir la paix !

29

UNE VOIX BRISÉE

« Je reviendrai, je vous le dois. »

Après ces *Norma* tumultueuses, Maria retourne immédiatement en studio pour enregistrer avec le ténor Franco Corelli le duo du troisième acte de *Aida*. Mais le résultat ne lui convient pas : elle interrompt les répétitions et repousse à une date ultérieure l'intégrale de *Macbeth*. Elle n'accepte que celui de *Carmen* qu'elle enregistre entre le 6 et le 20 juillet, en compagnie de deux cent cinquante musiciens et du ténor Nicolai Gedda, sous la direction de Georges Prêtre, rôle qu'elle a répété avec le maestro, sur le *Christina*, pendant une croisière de dix jours en Méditerranée. De ce personnage Maria dira : « Je ne le déteste pas, car il n'y a rien que je déteste vraiment. J'ai incarné Carmen pour le disque, mais je ne suis pas d'accord avec la femme qu'elle est : ce personnage plutôt viril qui agit comme un homme.

Une vraie femme n'agit pas comme cela… On m'a reproché souvent d'être bourgeoise, je dirais plutôt "brave fille". Carmen n'agit pas de la même façon, elle prend les hommes, elle les laisse, comme un homme ferait avec une femme. Pour moi, une femme n'appartient pas à plusieurs hommes. L'homme est naturellement polygame, pas la femme. Donc, Carmen ne fait pas partie de mon idéal !» Pourtant, pour l'héroïne de Bizet, Maria va réinventer le fatalisme tragique d'une créature libre, insistant sur ses origines très méditerranéennes, ce que certains puristes français lui reprocheront.

Après ces sept mois bien remplis, Maria, qui a retrouvé le goût de chanter et qui accepte de nombreux contrats pour les prochains mois, décide de retrouver Onassis sur son yacht, pour une croisière et un court séjour sur l'île de Skorpios.

Quels sont alors les rapports qu'entretiennent la diva et le milliardaire ? Sont-ils toujours amants ? Sont-ils devenus de simples amis ? Une chose est sûre, ils ne peuvent rester longtemps sans se voir.

Rentrée à Paris à la fin de l'été, Maria prépare l'enregistrement de *Werther* qu'elle annulera peu après comme elle renoncera aussi à un disque de musique religieuse avec le maestro Alain Lombard. Elle n'assurera que l'intégrale de *Tosca* qu'elle enregistre enfin en décembre avec Tito Gobbi et Georges Prêtre.

Elle reprend le même rôle sur la scène de l'Opéra de Paris pour huit représentations entre le 19 février et le 13 mars 1964, toujours avec ses partenaires préférés du moment : Gobbi, Zeffirelli et Prêtre. Il s'agit de la même production que celle de l'an passé à Londres. Malgré huit dates, les places sont prises d'assaut. Devant les guichets du palais Garnier, on fait la queue dès trois heures du matin et le théâtre affiche vite complet. Face à la demande toujours croissante de celles et ceux qui supplient pour un fauteuil, voire un strapontin, le directeur Georges Auric demande une date supplémentaire que Maria ne peut accepter. Elle doit partir pour New York immédiatement après la dernière. Pourtant elle hésite : « Sur le principe, je suis pour. Le public qui fait la queue est mon vrai public. Le public des galeries m'a fait un accueil merveilleux. » Finalement, avec l'accord de tous les artistes, la date du 10 mars est retenue et, pour remercier Maria et ses partenaires de leur geste, la salle ce soir-là manifestera inlassablement son plaisir et son admiration.

Ces neuf représentations ne seront qu'un long cri d'amour du public et de la critique qui, au-delà des imperfections vocales du « phénomène

Callas », salue unanimement la « prima donna assoluta » du monde moderne de l'opéra.

Ainsi, dans *Le Monde*, Jacques Longchamps écrit : « À tout le moins doit-on souligner que, cette fois, si les notes douces et tendres, surtout dans le grave et le médium, gardaient leur beauté incomparable, dès que la voix se bronzait, le timbre s'amincissait jusqu'à vibrer comme une anche d'instrument à vent fragile, particulièrement dans l'aigu, sans jamais atteindre une puissance et une ampleur véritables. Mais l'expression n'en restait pas moins nerveuse, pathétique, palpitante, indissociable de cette présence scénique qui rendra la Callas longtemps unique. »

Six jours après la dernière de *Tosca* à l'Opéra de Paris, Maria est sur la scène du Met, toujours pour ce rôle qu'elle y avait chanté déjà deux fois en 1956 et 1958. Depuis sa séparation avec Meneghini, Maria s'est réconciliée avec la Scala, avec Rudolf Bing, également, qui ne tarit plus d'éloges et qui, plus que tout, dit-il, souhaite le retour de la cantatrice dans son théâtre.

Alors que le nouveau président des États-Unis, Lyndon Johnson, ordonne le début des bombardements du nord du Vietnam, engageant ainsi son pays dans une guerre calamiteuse de plusieurs années, Callas est reçue à New York comme une reine. Depuis trois mois, plus aucune place n'est disponible. Devant le théâtre, le 19 mars, au soir de la première, des centaines d'admirateurs manifestent leur bonheur de la retrouver, brandissant des pancartes où sont écrits ces mots : « *Welcome home, Maria* » (bienvenue à la maison, Maria). À son entrée sur scène, elle est saluée par un tonnerre d'applaudissements du public parmi lequel Jackie Kennedy qui fait, ce soir-là, sa première sortie officielle depuis le drame de Dallas du 22 novembre 1963. Au tailleur Chanel rose taché du sang du Président succède un fourreau turquoise sur lequel l'ancienne première dame a jeté une étole de vison immaculée…

Et Maria chante. Et Maria enchante celles et ceux qui l'ovationnent vingt minutes d'affilée. Bing, qui l'a retrouvée sur scène, rayonne de joie, la remercie et confie à la presse qui l'interroge : « Elle n'a pas chanté très bien, mais cela n'a aucune importance. Il n'y a jamais eu de *Tosca* pareille. Et je n'ai jamais apprécié une autre artiste dans un rôle que Maria Callas a tenu auparavant. » Puis il avoue, humblement : « C'est ma faute si les artistes les plus complets de leur temps, Maria Callas et Herbert von Karajan, ont si peu collaboré avec le Met. »

Maria ne s'attarde pas en Amérique. Fin mars, elle est de retour à Paris afin d'enregistrer pour la télévision française un concert composé d'extraits de *Manon Lescaut*, de *La Sonnambula* et de *L'Invitation au voyage* de Duparc qui ne la satisfait pas et qui ne sera pas diffusée. À Bernard Gavoty elle confie : « Je suis une femme avec ses faiblesses, et pour mon métier il ne faudrait pas avoir de faiblesses, de doutes… J'ai tout le temps des doutes. Je sais ce que je voudrais, mais je ne sais pas ce que je fais. On m'écoute chanter, parfois je crois que c'est horrible et vous dites que c'est merveilleux… Et voilà que l'on devient fou… Et tout le temps on a peur… Oh, pas du public, mais de ne pas nous rendre justice à nous-mêmes, à l'art que l'on sent… Malheureusement pour moi, vous savez que je suis d'un genre un peu spécial. J'ai besoin de la chaleur humaine… Maintenant, je ne sais pas ce que les gens ont fait de moi, je suis consciente de ce que je voudrais faire et de ce que je n'arrive pas à accomplir. »

Parlant de l'artiste sur scène, Maria affirme : « On reste totalement lucide. Quand on est bien, en bonne forme, on est ivre de joie, du plaisir de jouer et de sentir que la voix répond bien. On est attentif à ce que l'on fait et au chant… Vous savez que je suis myope. J'ai un instinct, un sens de l'ambiance très accentué… Quelquefois, je sens que le public est différent, que quelque chose ne marche pas. Et je deviens nerveuse, crispée. Et vous savez que lorsqu'un athlète est dans cet état, il ne peut être performant. C'est la même chose pour les chanteurs. »

« Non, je n'ai pas de problème de voix, poursuit-elle. Certes, j'ai beaucoup exigé d'elle, puisque j'ai chanté tour à tour Lucia et Kundry, Rosine et Isolde, Constance et Turandot, Medea et *Il Turco in Italia* – pas le Turc lui-même, bien entendu – et bien d'autres rôles encore. Ma tessiture d'élection, c'est le soprano lyrique dramatique. Chez moi, je m'exerce chaque jour au piano et je fais des contre-*ré*, des contre-*mi* bémol, sans la moindre difficulté. Sur scène, quand quelque chose va moins bien, ce n'est pas la gorge qu'il faut soigner, c'est la psyché. »

Enfin, évoquant le rôle de Norma qu'elle s'apprête à interpréter dans la seconde quinzaine de mai, à l'Opéra de Paris, elle affirme : « Je peux vous dire que le *Tristan und Isolde* qui semble tellement difficile est beaucoup plus facile que *Norma*. Vous savez que Lili Lehmann a dit : "Je préfère cinq Brünnhilde à une Norma !" Le soprano dans les tessitures Rossini, Donizetti, Bellini, c'est mon monde, c'est la manière de s'exprimer que je ressens le mieux… Les opéras de Rossini ou Bellini doivent être chantés avec une belle voix, sinon, on ne peut pas les représenter. C'est comme Beethoven : on le joue bien ou on ne le joue pas. »

En fait, Maria est revenue épuisée de New York. Elle a encore maigri, ses chutes de tension l'inquiètent comme ce début de pharyngite qui amène la direction de l'Opéra à lui proposer de reporter les dates des représentations de quelques semaines. Elle refuse. Pourtant, les choses ne s'arrangent pas. Le jour de la première, le 14 mai, une heure avant le lever de rideau, les médecins sont dans sa loge et lui font encore des piqûres.

Devant cette évidente méforme, Georges Auric, le directeur du palais Garnier, fait une annonce au public. Maria Callas est souffrante. Elle souhaite cependant se présenter devant tous ceux qui ont fait la démarche de venir la voir. Il leur demande toutefois leur indulgence. Et Maria, du fond de la scène, dans une robe blanche, apparaît, marche lentement vers la salle figée dans un silence absolu, commence à chanter précautionneusement. Dès la fin du second acte, elle semble avoir retrouvé tous ses moyens et, aux dernières mesures de l'ultime duo Norma-Adalgise, interprété ce soir-là avec Giulietta

Simionato, Maria ne s'épargne plus et donne le meilleur d'elle-même, comme si sa vie en dépendait. Sous la plume de Jacques Bourgeois, le lendemain, on pourra lire : « Qu'elle soit parvenue avec des moyens manifestement diminués à transformer cette représentation en un triomphe personnel, tel qu'elle-même en a rarement connu, semble un véritable miracle. »

Maria, elle, déclarera sobrement : « L'essentiel est d'avoir chanté convenablement les duos avec Adalgise ! »

Si la première s'est finalement bien passée, il faut assurer les autres représentations. Le 17 est triomphal, même si Maria tient à peine debout et ne parvient à achever la représentation que grâce aux piqûres de Coramine qu'on lui fait. Le 21, elle ne va pas mieux. D'autant que son amie Giulietta Simionato qui l'avait ménagée est remplacée par Fiorenza Cossoto qui chantait jusqu'alors la servante Clotilde et qui, voulant montrer son jeune talent dans le rôle plus important d'Adalgise, donne toute la voix dans les duos sans le moindre égard pour Callas qui s'épuise à ses côtés. Le 24, Maria manque de s'écrouler sur scène. En raison d'un malaise pendant l'entracte, le rideau restera baissé pendant plus de vingt minutes. Elle est tellement exténuée qu'elle ne parvient même plus à trouver quelque énergie pour changer de costume.

Le 29 mai, malade, à bout de forces, Maria entre en scène dans un état fort préoccupant. Durant l'entracte, le public s'agite et ses partisans commencent à invectiver ceux de Cossoto qui, une fois encore, n'a pas épargné sa célèbre partenaire. Au milieu du second acte, Callas s'évanouit dans les coulisses. Revenue à elle, elle veut reprendre la représentation, mais elle perd à nouveau connaissance. Devant le rideau baissé, la salle attend pendant plus d'une heure jusqu'au moment où Georges Auric apparaît sur scène et déclare d'une voix blanche que Maria Callas qui, « au prix d'un immense effort, avait tenu à assurer la représentation, est dans l'impossibilité absolue de l'achever et en est profondément peinée ».

Ce soir-là, pas une protestation ne vient troubler l'évacuation prématurée de la salle. À ce moment précis, les spectateurs, parmi lesquels le shah d'Iran et l'impératrice Farah, son épouse, pressentent-ils qu'ils viennent de vivre un moment tragique, un véritable drame pour Maria ? Quelques heures plus tard, lorsqu'elle sera capable de rentrer à son domicile, Maria dira seulement aux admirateurs venus l'attendre à l'entrée des artistes : « Je demande pardon à

Paris et à vous pour ce soir. Je reviendrai. Je vous le dois. »

Hélas, ce rôle qu'elle interpréta pour la première fois en 1948 et qu'elle chanta quatre-vingt-huit fois sur les plus grandes scènes d'Europe et d'Amérique, ce rôle dont il existe trois versions gravées dirigées par Tullio Serafin, Maria ne le reprendra plus jamais. Lucia, la Traviata et maintenant Norma… Maria abandonne un à un tous les rôles qui ont fait d'elle ce qu'elle est, la plus grande de toutes.

Le sait-elle ? Ou plus exactement accepte-t-elle de le savoir ?

Épuisée, elle part se reposer à bord du *Christina* pour quatre semaines de vacances qui ne sont pas de trop avant de reprendre *Tosca* à Londres, fin juin. Malgré l'accident du palais Garnier, Covent Garden affiche complet. Pourtant, David Webster, le directeur de l'Opéra, est dans tous ses états. Callas est toujours souffrante et totalement incapable d'assurer les quatre représentations signées. Des bruits que confirme, le 25 juin, le médecin qui l'a examinée et qui est formel.

Maria imagine alors un compromis. Elle viendra à Londres mais ne chantera que le 5 juillet, pour le gala de charité donné en présence de la reine et de la famille royale.

Webster est un ami. Il comprend et accepte. Il

n'annulera pas pour autant les trois autres représentations, où Maria sera remplacée par l'Australienne Marie Collies saluée par le public et la presse.

Maria Callas arrive donc à Londres deux jours avant le gala et, aux journalistes qui l'attendent à l'aéroport pour l'interroger sur sa défection elle déclare : « Je veux dire au public londonien que j'aime tant combien je suis désolée de ne pas répondre à son attente. Jamais je n'aurais renoncé si je n'avais eu pour cela la plus impérieuse raison. Je suis profondément reconnaissante de l'intérêt que m'ont témoigné mes admirateurs. J'ai agi contre la volonté des médecins pour donner cette représentation unique. Je crois que j'ai fait ce que le peuple britannique aurait souhaité me voir faire. J'ai choisi de chanter pour sa souveraine. J'espère ne pas m'être trompée. »

Cette justification ne convainc pas la presse anglaise et le *Sunday Express* lance : « De quelle étrange indisposition souffre-t-elle pour accepter de chanter devant la reine et être incapable de chanter devant le public ? » Le *Sun* renchérit : « Pourquoi la reine et pas nous ? »

Le 5 au soir, devant Sa Majesté la reine Élisabeth II et le Tout-Londres, Maria est donc une fois encore Floria Tosca, mise en scène par Franco Zeffirelli, et dirigée par le maestro Georges Prêtre. Après avoir, à la fin du spectacle, salué avec ses partenaires Tito Gobbi et Renato Cioni, elle revient seule, au-delà de la fatigue mais heureuse, sous une pluie de roses jetées depuis le paradis. Onze rappels avant que la reine, en compagnie de sa famille, aille la féliciter dans sa loge. Pourtant, personne n'est dupe. David Webster reconnaît qu'elle a chanté en s'économisant et qu'elle a eu raison de ne pas se produire plus d'une fois. Moins bienveillant, le critique Roland Mancini affirme que la carrière de Callas est finie. « En déclarant forfait à quarante et un ans, Maria Callas ne crée pas un précédent. » Il cite la Falcon qui perdit sa voix à vingt-six ans, la Pasta qui a abandonné sa carrière à trente-cinq ans, Géraldine Farrar, Amelita Galli-Curci et Rosa Ponselle qui, elles, se retirèrent à quarante. Il n'y aurait donc, selon lui, aucune honte pour Callas à tirer sa révérence à son âge !

À quoi pense-t-elle, Maria, dans la limousine qui la ramène à l'hôtel Savoy ? Quelles sont ses réactions lorsque, les jours suivants, elle prend connaissance du jugement de la critique sur sa prestation, comme des spéculations sur son avenir ? Ont-ils raison ? Une chose est certaine : Maria ne chantera plus jamais l'opéra sur scène.

Une réalité qu'elle n'acceptera qu'au bout de longues années.

Peu après, elle renonce à enregistrer une nouvelle intégrale de *La Traviata* et va se murer dans un long silence.

30

UNE DIVA DE PAPIER GLACÉ

Sauver la face pour survivre...

Alors que sa carrière est au point mort, Maria doit affronter une nouvelle fois les juges au sujet de sa « rupture conjugale » avec Meneghini qui lui a intenté un autre procès. Mais le jugement de Brescia confirme la séparation de corps et de rien d'autre. Maria, qui n'a pas abandonné l'idée d'épouser un jour Onassis et veut plus que jamais divorcer, accepte la proposition de ses avocats : changer de nationalité. Une loi grecque de 1946 stipule en effet que tout Grec qui ne se marie pas dans sa propre Église – orthodoxe pour Maria – n'est pas considéré comme marié dans son pays. Aussi, Maria, qui s'était unie à Meneghini dans une église catholique, se retrouve grecque et libre en mars 1966. « C'est pour payer moins d'impôts ! », répondra Meneghini, fidèle à lui-même.

Le présumé conte de fées de la cantatrice et du milliardaire est pourtant loin d'être harmonieux. Certes, leurs nombreuses disputes et leurs innombrables réconciliations ont fait les premières pages des magazines du monde entier, mais depuis quelques mois, le prince charmant l'est de moins en moins. Ce dernier a tout de même lancé à Maria après son échec londonien, alors qu'elle avait tant besoin d'être rassurée : « Tu n'es plus rien ! Tu n'as eu qu'un sifflet dans la gorge et il est cassé ! », avant de tourner les talons et de claquer la porte devant Zeffirelli médusé. Lorsqu'on interroge l'armateur sur un éventuel mariage avec Callas, il répond, énervé : « Je n'ai pas le temps de m'occuper de ce genre de choses ! »

Humiliée, Maria tente de ne voir que les bons côtés de celui qu'elle aime de toute son âme. Onassis ne vient-il pas de lui offrir un hôtel particulier rue Albéric-Magnard, avec jardin et piscine ? Alors, elle relève la tête et affirme aux journalistes qu'elle est une femme épanouie : « Heureusement que j'ai rencontré Onassis... J'ai dû attendre quarante ans pour découvrir le rire... Maintenant, je suis sûre de moi. Je ne demande pas grand-chose, il me faut peu pour être heureuse, une île, la solitude, des livres et des amis... financiers, de préférence ! »

Une boutade ? Pas vraiment. Callas, comme toutes les ex-petites filles pauvres, a toujours aimé l'argent, ce que confirme volontiers Onassis : « Elle est la seule femme au monde qui ne bâille pas lorsque je lui parle de mes affaires ! »

Pourtant, personne dans l'entourage de Maria n'est dupe. Ce n'est ni pour son argent ni pour ne plus vivre dans le péché qu'elle veut épouser Aristote, mais parce qu'elle l'aime follement. Alors l'épousera-t-elle ou pas ? La presse, qui est aux aguets depuis de longs mois, exulte : Onassis et Callas sont à Londres en mars 1967 pour se dire oui ! Pied de nez du destin ? Acte manqué ? Maria n'a pas son certificat de baptême. Ils attendent quelques jours mais, lorsque le document arrive enfin, ils sont à nouveau fâchés et il n'est plus question de mariage. Callas rejoint son appartement parisien et Onassis part pour Athènes. Or il ne s'agit pas seulement d'un accident de parcours. Car si « Ari » est le seul grand amour de Maria, leur vie de couple semble plus que jamais impossible.

Sur le plan professionnel, Maria n'a pas rendu les armes non plus. Elle travaille sa voix tous les jours et ne s'en cache pas. On continue à la harceler. La Scala la supplie tous les mois de revenir chanter à Milan. Maria, qui a besoin de silence, de calme et de repos, dit qu'elle reviendra, c'est sûr, mais plus tard. D'autres font appel à ses sentiments. Ainsi Lawrence Kelly, qui dirige le Civic Opera de Dallas, fait le déplacement à Paris pour la prier de venir sauver le Met de New York, promis à la démolition depuis l'ouverture du Lincoln Center. Maria refuse. C'est encore trop tôt. Elle doit penser à elle, à sa voix qui se réveille de plus en plus mais qui est encore fragile.

À défaut d'engagements qu'elle persiste à refuser, elle entretient son image de diva. Absente des scènes du monde entier, elle est présente aux plus grandes soirées données par la jet-set. Premières, galas, anniversaires à Paris ou à New York, elle est partout, parfois rayonnante de beauté au bras d'Onassis, seule la plupart du temps.

En 1967, Maria quitte le 44 de l'avenue Foch, au grand soulagement de ses voisins, las de subir ses exercices vocaux, pour emménager dans un splendide appartement situé au 38 de l'avenue Georges-Mandel, à proximité du Trocadéro.

Outre les rumeurs qui évoquent son retour plus ou moins proche sur la scène d'un grand théâtre, on affirme que Visconti s'apprête à réaliser pour l'écran une vie de Bellini. Marcello Mastroianni y interpréterait le génial compositeur, et Maria son épouse, la cantatrice tchèque Maria Jeritza. Une fois encore, le projet ne verra jamais le jour, pas plus que cette *Traviata* que Zeffirelli lui propose, jurant qu'il ne fera jamais ce film sans elle. Maria, malgré l'amitié et l'admiration qu'elle lui porte, n'y croit pas plus qu'elle ne croit à *Boom* de Joseph Losey, d'après la pièce de Tennessee Williams, et dont certains dialogues la choquent. Comment arriverait-elle à se projeter dans cette femme entre deux âges qui ne savait que jurer ? Finalement, le film se fera… mais avec Elizabeth Taylor.

Les jours passent et Maria reste toujours absente des scènes et des écrans. L'année 1968 est une année de chagrin. Deux de ses plus grands amis, les maestros Victor de Sabata et Tullio Serafin, disparaissent à quelques semaines d'intervalle, ainsi que Georges, ce père si absent de sa vie et si présent dans son cœur : « Il a été mon seul véritable amour », avouera-t-elle à une journaliste. Enfin, le 20 septembre, c'est par la presse qu'elle apprend que l'homme de sa vie, Aristote Onassis, vient d'épouser Jackie Kennedy ! Le soir même, elle est chez Maxim's pour y fêter le soixante-quinzième anniversaire du célèbre restaurant. Elle est superbe, elle sourit… Mais elle a le cœur brisé.

Bien sûr, Maria n'ignorait rien des liens que l'armateur entretenait avec l'ex-première dame des États-Unis. Depuis sa rencontre avec la sœur de Jackie, au début des années soixante, Onassis était devenu l'un des proches de la famille présidentielle. L'assassinat de «JFK» et celui de son frère Robert les avaient encore rapprochés.

Et puis il y avait eu cet affront, l'été précédent, sur le yacht de l'armateur. À la fin du mois d'août, devant tout le monde, Onassis avait prié Lawrence Kelly, le directeur de l'Opéra de Dallas, de quitter le *Christina*, sous prétexte qu'il devait recevoir des gens importants pour parler affaires. Renvoyer aussi grossièrement l'un des plus grands amis de la cantatrice, c'était choisir de l'humilier elle aussi. Maria était donc partie avec Kelly, et le milliardaire ne l'avait pas retenue.

Les jours suivants, des photos avaient montré Jackie Kennedy lors de ses passages à Paris, entrant ou sortant du 88 de l'avenue Foch…

Ce mariage d'Onassis avec une autre est pour Maria une véritable épreuve. Plus que jamais, elle est seule, triste et le dit à qui veut bien encore l'entendre ou la croire. On a d'elle une image si forte, si triomphante… N'est-elle pas celle que l'on rêve d'accueillir? La diva aux cachets en or massif et aux caprices de star hollywoodienne!

Pour l'heure, il s'agit de sauver la face et de

survivre. Maria doit s'occuper l'esprit. Voyager. Rendre visite à ses amis. À New York, elle retrouve Bing qui l'invite à la première d'*Adrienne Lecouvreur* de Francesco Cilea. Le rôle-titre est interprété par Renata Tebaldi qu'elle va féliciter dans sa loge. Plus tard, Tebaldi dira : « Tout le monde savait que Maria Callas était dans la salle, mais on m'avait caché sa présence qui, pensait-on, m'aurait rendue malheureuse et nerveuse. Après qu'elle eut ouvert la porte, elle s'est jetée dans mes bras en me disant qu'elle était heureuse d'avoir participé à mon succès, fabuleux ce soir-là. » Maria, abandonnée, avait-elle mieux mesuré la douleur de Renata Tebaldi lorsqu'elle l'avait chassée de la Scala ?

De retour à Paris, Maria poursuit sa vie mondaine et s'étourdit en compagnie de ses belles amies Marie-Hélène de Rothschild, Maguy Van Zuylen ou Hélène Rochas. Enfin, elle travaille plus que jamais, au moins six heures chaque jour, car, au-delà du chagrin, il lui faut remonter sur scène, non pour l'argent – ses enregistrements s'arrachent à travers le monde et lui rapportent d'énormes royalties –, mais pour demeurer encore et toujours Callas !

31

CALLAS SUR GRAND ÉCRAN

« Quand on me connaît, on m'aime beaucoup. »

La nouvelle tombe à l'automne 1968 : Lawrence Kelly a enfin convaincu la diva de faire sa rentrée. Elle chantera à l'Opéra de Dallas, sous la direction du maestro Nicola Rescigno, le *Requiem* de Verdi. « Ce sont des amis de toujours, c'est avec eux que j'ai débuté aux États-Unis, à Chicago, il y a une douzaine d'années et c'est pourquoi je leur réserve ma première représentation. » Afin de se préparer, elle engage un pianiste rencontré à Covent Garden et fait de fréquents voyages à Milan pour y retrouver celle qui lui avait tout appris ou presque, Elvira de Hidalgo, qui a maintenant quatre-vingt-quatre ans.

Est-ce pour célébrer cette résurrection attendue par ses admirateurs que Jacques Bourgeois choisit de publier, en cette fin d'année éprouvante pour Callas, un coffret de quatre albums où il a sélectionné les plus beaux airs que la cantatrice a interprétés pendant toute sa carrière ? Peut-être.

Ce coffret, qui n'a pu sortir sans l'accord de Maria, résume en musique une partie de sa vie. Elle vient d'avoir quarante-cinq ans et se penche sur son passé. « Combien de mères auraient aimé avoir Maria Callas pour enfant ? Mais je suis seule. J'ai toujours été seule. Nous sommes monstrueusement seuls alors que nous devrions nous aider. »

Début février 1969, elle répète tous les jours, salle Wagram, avec Rescigno pour un projet discographique où elle chante des extraits encore jamais enregistrés comme *Il Pirata* de Bellini et plusieurs airs de Verdi. Cependant, comme elle l'a si souvent fait par le passé, Maria s'oppose à la parution de ce disque, pour cause d'honnêteté intellectuelle. En corrigeant les faiblesses de sa voix, les moyens techniques pouvaient sans aucun doute abuser le public mais pas l'oreille de Maria qui a toujours détesté le mensonge.

Pourtant, au mois d'avril, elle confirme son retour à Paris. C'est *Traviata* que Maria va offrir au public, le projet de Dallas ayant été ajourné en raison d'un battage excessif provoqué par

Kelly. « Je déteste que l'on se fasse de la publicité sur mon dos ! »

À la fin du mois, Maria accepte de paraître dans une émission de la télévision française : « L'Invité du dimanche » de Pierre Desgraupes. Vêtue d'une robe bleu clair, sagement assise sur un canapé jaune, elle a fait venir auprès d'elle ses amis et les gens qu'elle admire : Herbert von Karajan, Luchino Visconti et les critiques Jacques Bourgeois et Olivier Merlin, sans oublier le plus attendu, Claude Véga, dans l'une de ses imitations de Maria Callas. Ce soir-là, les téléspectateurs français apprendront qu'elle raffole de Walt Disney, admire Greta Garbo et Laurence Olivier, et qu'elle est très impressionnée par le courage de Thomas More qui a su mourir pour sa foi. Dans la foulée, elle confiera qu'elle n'aime pas le jazz, mais qu'elle adore la musique de Franck Pourcel ! Plus intime, elle confirmera qu'elle n'apprécie pas la solitude, mais que celle-ci est parfois nécessaire. Et si elle a arrêté de chanter il y a quatre ans, c'était surtout parce qu'elle n'était plus satisfaite de ce qu'elle faisait : « Il y avait quelque chose qui n'allait pas, soit dans ma technique, soit dans mes nerfs, soit dans ma vie privée. » Mais cette émission révélera surtout la très grande pauvreté des archives filmées de celle qui, pour les générations futures, sera d'abord et avant tout une voix et une légende…

*

Malgré toutes les annonces, ce n'est pas la cantatrice que le public retrouve, mais la tragédienne. Car Maria a finalement accepté de jouer Medea sous la direction de Pier Paolo Pasolini.

L'homme est un artiste complet. Après une formation de journaliste, il est devenu tour à tour, et en alternance, comédien, écrivain, scénariste. En 1961, il a réalisé son premier long métrage, mais c'est avec *L'Évangile selon saint Matthieu*, en 1964, qu'il a acquis la stature d'un maître à penser pour le cinéma italien, avant de faire scandale quatre ans plus tard avec *Théorème*, parabole où un mystérieux personnage, qui peut être un ange, fait entrer tous les membres d'une famille en état de grâce par son contact érotique avec eux, sans distinction de sexe.

Lorsqu'il demande à Maria de jouer dans *Medea*, celle-ci commence par refuser. *Théorème* l'avait passablement choquée. Mais l'homme parvient à la séduire. Marxiste et homosexuel. Maria a choisi de ne voir en lui que le poète et le grand connaisseur de la littérature antique qu'il est aussi.

Lorsqu'ils travaillent ensemble sur le scénario,

il l'écoute et elle le regarde réfléchir. Elle aime son calme, ses silences. Il lui avait proposé une adaptation très fidèle de l'œuvre de Cherubini. Mais Maria ne veut pas jouer une Medea de théâtre. La Medea qu'elle imagine est humaine, moins tragique que celle de la légende. Elle ne veut pas de musique, lui ne veut presque pas de dialogues. Il y aura quatre versions du script avant qu'ils soient satisfaits. Produit par Franco Rossellini, le tournage commence durant l'été 1969. D'abord en Italie, puis en Turquie, en Syrie et sur l'île de Grado, dans l'Adriatique. Piero Tosi, qui avait déjà habillé la cantatrice à la Scala, fait les costumes. Dans sa robe de laine et de mousseline, le cou chargé de bijoux barbares, Maria est une stupéfiante magicienne.

Au début du tournage, ses relations avec l'équipe technique sont un peu distantes. La Callas traîne sa légende même dans le désert. Maria le comprend. Très vite, elle se met à table avec les techniciens, les tutoie et demande à être aussi tutoyée. « Quand on me connaît, on m'aime beaucoup », dira-t-elle à un journaliste. Car les magazines du monde entier ont dépêché des reporters pour avoir les premières photos, les premières impressions de la diva et du metteur en scène. À une envoyée du journal *Elle*, Maria confie : « J'avais été une spécialiste de ce rôle à l'opéra et c'est vrai que j'avais grande envie d'incarner à l'écran cette femme qui fait partie d'une galerie de personnages qui ne peut qu'inspirer une artiste. Mais j'aurais volontiers accepté de jouer Clytemnestre ou Jocaste. »

À Sylvie de Nussac, pour *L'Express*, elle raconte les difficultés du tournage en plein soleil, parle de sa profonde admiration pour Pasolini et de sa joie de vivre cette expérience : « Je ne savais pas comment je m'entendrais avec lui… Il est un introverti et je suis une introvertie… Je me demandais si nous n'allions pas être deux murailles de Chine, face à face, se dévisageant et ne disant rien. Mais non ; il y a un maximum de communication entre nous… »

Quelqu'un vient d'apporter une centaine de superbes photos du film. Elle s'émerveille : « Bellissima ! Regardez celle-ci, quand on m'énerve sur le plateau, j'ai l'air d'une bête ! » Maria est à la fois exubérante et radieuse. Ceux qui la connaissent bien le savent, elle ne s'épanouit réellement que dans le travail. Elle répète qu'elle est heureuse, que la vie est belle et que c'est si bon…

De son côté, Pasolini déclare : « Elle s'est engagée à fond. C'est un rêve de travailler avec Maria. Le contraire de ce que l'on pouvait redouter. C'est l'actrice la plus docile que j'aie jamais connue. »

Le tournage achevé, le trio Callas, Pasolini et Alberto Moravia part en vacances en Afrique où l'amitié entre la cantatrice et le réalisateur se construit plus encore.

Le 20 janvier 1970, c'est la première du film proposé dans sa version originale au palais Garnier. Dans la salle, l'épouse du nouveau président de la République, madame Georges Pompidou, en fourreau rose, accompagnée de quatre ministres, est dans la loge d'honneur au côté de Maria en robe de soie bleu nuit. À la fin de la projection, les avis sont partagés. Les uns crient au génie. Les autres avouent s'être profondément ennuyés. Et puis, il y a cette voix qui n'est pas la voix de Callas. Pourquoi? demandent certains, ignorant qu'en Italie les acteurs sont systématiquement doublés ; c'est une loi imposée par le syndicat des artistes pour faire travailler un plus grand nombre de comédiens.

Le lendemain, la critique, elle, est plutôt favorable. *Le Monde* affirme qu'il s'agit d'un «film admirable, un spectacle surprenant et poignant constamment accordé à la grandeur tragique.» François Nourissier, de *L'Express*, considère que «tout est hiératique, farouche, rituel et silencieux», et pressent que le public ne s'y retrouvera pas. Effectivement, le film est un véritable échec commercial. Au grand regret de Maria.

Désormais, elle refusera toutes les autres propositions que les studios lui feront. Comme elle refusera avec la même fermeté les engagements des théâtres du monde entier. Maria retourne à son silence, un silence qui rend furieux certains de ses admirateurs, et notamment ceux qui avaient rêvé de la diriger devant une caméra. Visconti, d'abord, qui déclare : « Je ne sais pas si Maria a bien choisi ses débuts dans le cinéma. Car le cinéma de Pasolini n'est pas fait pour les grands acteurs. » Zeffirelli suivra violemment : « Pasolini l'a détruite, comme il en a détruit tant d'autres ! »

32

MASTER CLASS À NEW YORK

*« Je n'aime pas les concessions
ni avec moi-même, ni avec les autres. »*

Détruite, Maria ?

Effectivement, le 26 mai 1970, on annonce à la radio qu'elle a tenté de se suicider en avalant des barbituriques ; on l'a transportée à l'Hôpital américain de Neuilly. Son état est critique. Partout, c'est la consternation et les journalistes s'affolent. Devant le 38 de l'avenue Georges-Mandel, une foule de reporters se sont réunis à l'affût d'une photo, d'un visage connu, d'un rideau qui s'entrouvre. Certains envahissent l'immeuble, sonnent à la porte de l'appartement de Maria où Ferruccio, son maître d'hôtel, les reçoit avec un calme déconcertant :

– Madame va très bien. Elle ne peut vous recevoir, car elle se prépare pour un rendez-vous…

Personne n'y comprend rien… Et Maria non

plus. Oui, Maria s'est bien rendue à cet hôpital tôt le matin mais elle est revenue chez elle vers quatorze heures et s'étonne de tant de bruit, de toutes ces gerbes de fleurs : « Je n'en reçois jamais autant que quand je ne chante pas ! (…) Non, je n'ai jamais voulu me suicider. Je me porte très bien. » Pourtant la rumeur persiste. Maria n'aurait pas supporté l'échec de son film. Elle serait ruinée et aimerait toujours Onassis… Ne l'a-t-on pas vue dîner, il y a quelques jours, à Londres avec lui ? Devant l'acharnement de la presse, Maria dément une seconde fois la tentative de suicide. Et elle attaque tous les journaux et toutes les stations de radio qui ont continué à diffuser cette rumeur après son premier démenti. *France Dimanche* et RTL seront condamnés à lui verser des dommages et intérêts pour atteinte à la vie privée.

Si Maria n'a probablement jamais voulu se donner la mort, il est en revanche tout à fait exact qu'elle revoit son cher « Ari ». Une photo publiée en première page d'un magazine anglais ne laisse aucun doute. Elle date du mois de mai et les montre en tête à tête chez Maxim's. Onassis aurait même la clef de l'appartement de Maria !

La publication de cette photo engendre un autre scandale. Jackie Kennedy, devenue Jackie

Onassis, a fait promettre à ce dernier de ne plus jamais revoir son ancienne maîtresse. Il a promis mais n'a pas obéi. Incapables de vivre ensemble, Onassis et Callas sont tout aussi incapables de vivre longtemps loin l'un de l'autre. Leur passion amoureuse est devenue une amitié très intime, surtout depuis qu'il a fini par reconnaître que son union avec l'ex-première dame des États-Unis est un véritable fiasco. Ainsi, lorsque Jackie, furieuse de la trahison de son mari, débarque à Orly, Aristote n'est pas là pour l'accueillir.

Et puisque tout le monde sait maintenant qu'Onassis et Callas se sont retrouvés, Maria ne cherche plus à le cacher. « C'est le meilleur de mes amis et je suis à peu près certaine qu'il me considère comme sa plus fidèle amie… Car, moi, je lui dis la vérité ! » Et comme pour enfoncer un peu plus le clou, Evangelia rompt le silence que Maria lui avait imposé pour déclarer à un magazine américain : « Jackie Onassis est grosse, a une peau de poulet, de vilaines jambes, des yeux trop écartés et rit constamment sans aucune raison. Monsieur Onassis a eu bien tort de l'épouser ! »

Pourtant, les relations entre les deux « amis » ne sont toujours pas des plus harmonieuses. Les crises qui ont jalonné leur histoire perdurent. Et leurs hurlements troublent le calme du très chic immeuble de l'avenue Georges-Mandel lorsque Maria refuse de le faire entrer.

– Tu n'es qu'un petit marchand qui se prend pour Jupiter ! lui crie-t-elle.

– Je vais faire enfoncer la porte avec ma Rolls !

Un soir de bagarre et de tourments, alors que, épuisés, ils cherchent à retrouver un peu d'apaisement, Ari lui souffle :

– Nous sommes maudits, Maria.

– Avec tout l'argent que tu as et les dons que Dieu m'a donnés... Maudits ? s'écrie-t-elle.

Parallèlement à ces retrouvailles, Maria envisage d'enregistrer un disque avec le jeune et très talentueux Placido Domingo. Pourquoi pas cette *Traviata* si souvent repoussée ? Mais Maria sait maintenant au plus profond d'elle-même qu'elle ne peut plus interpréter un tel rôle, et le projet n'aboutira pas.

En revanche, quand le Curtis Institute of Music de Philadelphie lui propose de donner une série de cours à de jeunes artistes lyriques, elle accepte, désireuse d'expériences nouvelles. Les cours commencent en février 1971. Mais le niveau est faible et, à la troisième leçon, elle déclare forfait. Le temps ne lui semble pas encore venu de se retirer tout à fait, ce qu'elle confirme lors d'une escale à New York où elle donne une conférence de presse et annonce son prochain retour sur scène. Au même moment la Juilliard School of Music lui propose de venir donner des cours magistraux à de jeunes élèves déjà très avancés dans leur carrière. Maria dit oui, à la condition que la sélection soit rigoureuse.

Sur trois cent cinquante chanteurs qui se sont présentés aux auditions, vingt-cinq seulement ont été sélectionnés par Peter Mennin, le directeur de l'établissement. Les cours de deux heures auront lieu deux fois par semaine, le mardi et le jeudi, entre octobre et novembre 1971, puis entre février et mars 1972. Interdiction est faite d'apporter un magnétophone ou un appareil photo. Ce qui, bien sûr, ne sera pas respecté puisque quelques années plus tard, plusieurs leçons de la diva seront retranscrites dans un ouvrage, adapté ensuite au théâtre et joué dans le monde entier. En France, Fanny Ardant puis Marie Laforêt obtiendront dans ce rôle un véritable succès.

Le 11 octobre 1971, une pile de partitions sous le bras, en pull-over et pantalon sombre, Maria s'installe derrière une petite table placée sur le devant de la scène. A-t-elle remarqué qu'on ne l'a pas applaudie à son entrée ? « Qui veut chanter ? », demande-t-elle en se rapprochant du pianiste Alberto Masiello. Sheila Nadler, Lenis Carlson et Willard White se succéderont devant elle avec le trac que l'on peut imaginer. Le maestro James Conlon se souvient de ces cours avec une réelle émotion. « Je pensais que son tempérament dramatique l'emporterait. Mais elle était calme, méthodique, "solfégiquement" méthodique. Elle parlait technique, rythme, construction, le reste ne venait qu'après. Callas expliquait qu'avant d'interpréter un rôle elle l'apprenait jusqu'à le savoir mécaniquement... » Dans la revue *Opéra*, Barbara Hendricks, qui n'a pas gardé un souvenir très heureux de ces moments, se remémore : « Son arrivée avait suscité un cirque médiatique invraisemblable... Une énorme pression pesait sur Callas et ses élèves... Pour moi, ce ne furent certainement pas les meilleurs cours de mon existence... Le public était trop impressionnant : Placido Domingo, Rudolf Bing, Lilian Gish ou Elisabeth Schwarzkopf... Ce n'était pas un cours, mais une prestation. Les élèves choisissaient d'interpréter ce qu'ils maîtrisaient le mieux. (...) Ce qui n'était pas le meilleur moyen d'apprendre ! (...) Je crois qu'elle [Maria Callas] avait peur de nous. (...) Ce n'était pas pour elle une situation naturelle. (...) On la sentait triste comme quelqu'un qui voudrait donner une part d'elle-même et ne sait comment faire. Callas était une artiste d'instinct et comme l'instinct ne s'explique pas. (…) Mais j'y ai appris cependant certaines choses, comme l'importance du souffle, du support de la voix et puis l'émotion. (…) Ce qui m'a le plus marquée, c'est l'impression de solitude qu'elle donnait et son obligation, face à des gens qui parlaient d'elle au passé, de se chercher un avenir. »

Le 16 mars 1972, Maria donne sa dernière leçon puis quitte aussitôt New York et disparaît. La presse, toujours à sa poursuite, se demande où elle se cache et pour quelles raisons. Un temps, on la croit en Italie chez des amis. Fausse rumeur. Enfin, on la retrouve. Elle est à la pension Kunstler, célèbre hôtel des environs de Vienne, et elle n'est pas seule ! L'homme qui l'accompagne n'est autre que le ténor Giuseppe Di Stefano, son partenaire de prédilection dans *Lucia*. Les deux artistes se connaissent depuis vingt ans et ont chanté ensemble sur toutes les plus grandes scènes d'Europe et d'Amérique. Leurs tempéraments exubérants, leurs célèbres disputes ont souvent fait la une de la presse à scandale. Mais aujourd'hui, tout semble apaisé entre les deux anciens rivaux. Ils se sont retrouvés à New York et ne se quittent plus.

Cette amitié amoureuse se cimente par un projet que leur propose l'agent Sander Gorlinsky : un album de duos de Verdi et de Donizetti, pour Philips. Antonio de Almeida, le chef du London Symphony Orchestra, en assurera la direction musicale.

Après de longues semaines de répétitions à Paris, les deux complices s'envolent pour Londres afin d'enregistrer secrètement le disque dans la petite église Saint-Gilles Cripplegate. Mais au bout de quinze jours, Maria ne peut continuer et rentre à Paris avec son partenaire. L'enregistrement, là encore, ne sortira jamais.

À la fin de l'année, Maria est triste. Sa carrière de cantatrice est en ruine. Elle a beau s'en défendre, affirmer que sa voix est toujours là, Maria a de plus en plus de mal à en convaincre son entourage. Pourtant sa popularité est intacte, on la réclame toujours autant, et puis elle n'est plus seule.

Alors qu'elle attend sans y croire vraiment de remonter sur scène, Maria, qui cherche une reconversion possible, accepte la proposition du théâtre Reggio de Turin qui lui offre de mettre en scène *I Vespri siciliani*, cet opéra avec lequel elle avait débuté à la Scala en 1951.

Les répétitions commencent à l'aube de 1973 et s'annoncent complexes. À son côté, la jeunesse de Beppe De Tomasi, un assistant pourtant plein de talent, l'inquiète. Elle demande son remplacement et impose Di Stefano pour la seconder. Cette exigence entraîne le départ du maestro Gian Andrea Gavazzeni qui, à mots couverts, présume de l'incompétence des deux « metteurs en scène » : « À chacun son monde ! » Vittorio Gui, que les deux chanteurs connaissent bien, lui succède.

Di Stefano et Callas se partagent les tâches. Au premier les mouvements d'ensemble. À la seconde, les solistes. Quant à Serge Lifar, venu en renfort, il s'occupe de la chorégraphie. Maria s'attache tout particulièrement au premier rôle féminin, celui qui fut le sien… Il est tenu cette fois par Raina Kabaïwanska qui racontera plus tard : « Nous répétions énormément. Maria Callas était têtue et moi aussi. Je ne fus pas toujours clémente avec elle. Cela dit, elle me fascinait par ses scrupules professionnels et son perfectionnisme. » Car Maria, qui perçoit bien les choses, éprouve des difficultés à communiquer, à mettre des mots sur ses sentiments.

À quelques jours de la première, Gui tombe malade. Il est remplacé à la dernière minute par Fulvio Vernizzi.

10 avril. Jour de la première. Tout le monde est tendu. Dans la salle, on remarque Giovanni

Leone, le président de la République italienne. À l'entracte les applaudissements sont polis. Ils le sont encore à la fin du spectacle. Et lorsque Maria vient saluer, magnifique dans sa robe de soie noire, ses cheveux, roux maintenant, laissés libres et jetés en arrière, on l'applaudit raisonnablement, sans plus. Ce soir-là, elle parvient à cacher sa déception, mais le lendemain, la critique accroît son angoisse. On trouve son travail incolore, on parle d'amateurisme. Il n'y a rien de nouveau, rien de personnel, jusqu'aux costumes et aux décors d'Aligi Sassu, jugés fort laids… Bref, les premiers pas de la cantatrice dans la mise en scène n'ont pas du tout convaincu.

Callas riposte aussitôt en organisant une conférence de presse : « La tendance mondiale est de donner de plus en plus d'importance à la mise en scène avec des résultats, hélas, souvent en contradiction avec les indications de l'auteur de l'œuvre. En revanche, on donne de moins en moins de reliefs aux rôles des chanteurs en tant que personnages acteurs… Et ainsi, on oublie l'histoire que les chanteurs doivent raconter. »

« La Tigresse » n'a rien perdu de sa superbe !

33

SUR SCÈNE,
UNE DERNIÈRE FOIS

« Sans voix, qui suis-je ? »

Alors que la presse s'acharne sur le semi-échec des *Vespri siciliani*, affirmant qu'avec cette succession d'expériences malheureuses la diva serait proche de son crépuscule, l'un de ses agents annonce presque aussitôt son retour sur scène, lors d'une tournée monumentale qui se tiendra de l'automne 1973 à l'automne 1974, et qui la mènera dans le monde entier. Le ténor Di Stefano partagera l'affiche avec elle. Les retours de Callas ont été si souvent annoncés et si souvent démentis que l'on s'interroge. Mais cette fois, cela paraît sérieux. On questionne Maria qui confirme et dit : « Je suis pétrifiée de peur… On attend tout de moi, mais bien sûre, je ne suis plus celle que j'étais à trente ans. »

À peine connaît-on les différents théâtres où

elle doit se produire que ceux-ci sont pris d'assaut en quelques heures.

Loin de cette agitation, Maria et Di Stefano, qui travaillent avec le pianiste Robert Sutherland, partent début septembre, après de courtes vacances à San Remo, pour le Royaume-Uni. Les chanteurs hésitent toujours sur la composition du programme. Il faut se décider. La première a lieu le 22 septembre. Mais ce que tout le monde redoutait arrive. Le 20, Maria déclare forfait. Son ophtalmologiste vient de lui imposer six semaines de repos.

Bien évidemment, on croit à un nouveau caprice. L'annonce d'une nouvelle date, le 26 novembre, calme un peu les esprits.

Finalement, c'est le 25 octobre, à Hambourg, que débute la fameuse tournée. Dans sa robe vert clair, la démarche hésitante de Maria et ses gestes à peine esquissés trahissent une peur viscérale dont témoigne aussi son chant visiblement atteint. Ce soir-là, craignant d'affronter un public qu'elle n'a pas rencontré depuis huit ans, elle ne chantera que des duos, et sa main ne quittera jamais celle de Di Stefano, comme pour y trouver un appui.

Elizabeth Taylor, qui est dans la salle, monte sur scène à la fin du spectacle pour offrir une gerbe de roses à Maria. Les deux stars sont ovationnées, s'embrassent et, bien loin de toute considération professionnelle, se lancent dans une surenchère de superlatifs. Jamais Elizabeth n'a vu plus somptueux diamant que celui offert par Richard Burton à l'actrice. Jamais Liz Taylor n'a admiré plus divinissimes perles que celles, énormes, que porte Maria autour du cou !

Le lendemain, la critique est moins inflationniste ! «Maria Callas gagne assez d'argent avec ses disques, quel besoin a-t-elle de se produire sur scène pour offrir un spectacle aussi consternant ?», peut-on lire.

Après Hambourg, Berlin, Düsseldorf, Munich et Francfort, les trois semaines de tournée en Allemagne de l'Ouest s'achèvent à Mannheim où, si le public est plus que jamais chaleureux, la critique est toujours aussi désastreuse : «Callas est finie !»

Le mythe ou l'interprète ? Si l'interprète n'est plus à la hauteur de ce qu'elle a été, loin s'en faut, le mythe rayonne toujours. Pour s'en assurer, il suffit de voir Maria lors de l'unique concert donné à Madrid : négligeant la révérence protocolaire, elle tendra simplement la main à la princesse Sophie venue la saluer dans sa loge en lui demandant en grec «Comment allez-vous ?» La photo sera reproduite dans le monde entier, assortie de cette légende : « La reine, ce soir-là, c'était Maria Callas. »

Six jours plus tard, elle est à Londres pour deux concerts. Le 26 novembre, le public du Royal Festival Hall attend avec impatience celle qu'il a tant aimée. Lorsqu'elle apparaît, sublime dans sa robe blanche et bleue, les spectateurs hurlent son nom avec tant de ferveur que Maria, émue jusqu'aux larmes, craint que l'émotion ne l'empêche de poursuivre. Après des extraits de *Carmen*, de *Cavalleria rusticana*, de *Gioconda* et de *Gianni Schicchi*, on lui réclame un bis qu'elle accepte. Alors le plateau se couvre de fleurs et les deux artistes – Di Stefano l'accompagne désormais partout – sont applaudis pendant plus de trente minutes, jusqu'au moment où les admirateurs fanatiques prennent la scène d'assaut. Maria est heureuse mais n'est pas dupe. « Je sais bien qu'ils me félicitent un peu plus que je ne le mérite, mais ils m'aiment pour ce que j'ai été... C'est merveilleux ! »

Le même enthousiasme et les mêmes reproches l'accueillent pour la seconde représentation du 2 décembre, à la fin de laquelle les trois mille spectateurs, dont Jessy Norman et Elisabeth Schwarzkopf, entonnent un *« Happy Birthday to you Maria»* frénétique. Ce soir-là, Maria vient d'avoir cinquante ans.

Six jours plus tard, elle est à Paris, au Théâtre des Champs-Élysées avec Di Stefano. Dès leur arrivée sur scène, ils sont accueillis par un déferlement d'applaudissements et doivent attendre un bon quart d'heure avant de commencer à chanter. Tout au long du concert, la salle délire et, longtemps après le dernier bis, le public debout refuse de partir, criant toujours le nom de Maria. La police sera même obligée d'intervenir pour permettre aux chanteurs de sortir du théâtre. Une fois de plus, le verdict du public n'a rien à voir avec celui de la critique. Le journal *La Croix* titre : « Une voix morte. » « Elle ruine en une soirée l'image rayonnante d'une carrière... Malgré les ovations d'un public ignorant, Maria Callas est aujourd'hui une étoile morte. » Mais Maria n'est pas la seule à être malmenée. Di Stefano est littéralement assassiné par *France Soir* : « Di Stefano ne chante pas, il aboie. Partout, il transforme la musique en une manne élastique. Il mâche les mots comme du chewing-gum... De tels chanteurs, sans le prestige de leur nom, feraient baisser le rideau de n'importe quel théâtre de sous-préfecture. »

Après un dernier concert le 11 décembre à Amsterdam, cette fois fort bien reçu par la presse, Maria rentre à Paris, avenue Georges-Mandel, pour y passer les fêtes de Noël, seule.

L'année 1974 commence vite, trop vite ! De janvier à mai, toujours avec Di Stefano, elle donne vingt et un concerts dont la plupart aux États-Unis et au Canada. Philadelphie, Boston, Chicago, New York, Dallas, Vancouver… Mais les problèmes de voix de l'un ou de l'autre rendent cette tournée fort chaotique, d'autant que les relations entre les deux chanteurs se détériorent. Leurs différends font la une des journaux qui se délectent de les surprendre un soir, dans un restaurant italien, s'envoyant des crèmes glacées au visage !

Le 13 mai, la première partie de la tournée, toujours aussi hasardeuse depuis son début en Europe, s'achève à Montréal. Tous les critiques se retrouvent sur un point : Maria n'aurait jamais dû l'entreprendre. Mais elle fut fort lucrative. D'abord, Maria n'a jamais été aussi adulée par un public fasciné par son image, et surtout, ce fut une formidable opération financière puisque les ventes de ses disques ont été multipliées par trois !

Après cinq mois de repos, Maria et Di Stefano reprennent la route vers la Corée et le Japon :

Séoul, Tokyo, Fukuoka, Osaka, Hiroshima et Sapporo, le 11 novembre. Ce sera la dernière date de cette tournée « du souvenir » comme l'ont appelée certains. La Callas sait-elle alors qu'elle ne rencontrera plus jamais ce public dont l'amour l'a portée depuis tant d'années ?

Pour l'heure, avant le début de cet ultime concert, elle est bouleversée. Elle vient d'apprendre l'hospitalisation d'Onassis à l'Hôpital américain de Neuilly. Il doit être opéré de la vésicule biliaire. Près de lui, Christina, sa fille, et Jackie, son épouse, le veillent – ou le surveillent ? Callas, qui est à huit mille kilomètres, sait pertinemment qu'on lui a interdit de prendre contact avec Aristote. Mais elle a le cœur trop gros et c'est à Robert Sutherland qu'elle se confie : « D'abord, j'ai perdu mon poids, puis j'ai perdu ma voix, puis j'ai perdu Ari… Nous avons vécu comme mari et femme pendant neuf ans, et dix jours après son mariage avec Jackie, il était en bas de chez moi… Il m'aimait beaucoup. On ne ment pas au lit… » Alors pourquoi avoir rompu ? « Un homme est une bonne chose pour un moment… Vous lui consacrez toute votre vie et c'est alors qu'il commence à vous prendre pour quantité négligeable… Et puis, il voulait toujours me régenter. Je n'aime pas ça ! Il n'a jamais compris mon tempérament artistique. » Parlant de Jackie Kennedy, sa rivale qu'elle appelle «la chercheuse d'or», Maria déclare : «Elle est toujours à attendre une commémoration américaine ou autre. Il s'est marié à un monument national ! Et puis, elle a fait des erreurs fondamentales avec lui. Elle a voulu lui faire changer de vie, éliminer son passé. Elle a même fait refaire la décoration du *Christina* ! Je n'aurais jamais osé le faire ! »

Quelques jours plus tard, Maria est à Paris et s'isole dans son appartement du XVIe arrondissement. Alors que le Japon la sollicite encore pour quatre *Tosca*, elle répond qu'elle a pris une décision définitive : elle ne chantera plus jamais. C'est Montserrat Caballé qui la remplacera.

Février 1975, la santé de l'armateur se dégrade de plus en plus. Il est maintenant atteint d'une pneumonie avec des complications cardiaques. Maria accourt. Il meurt le 12 mars. Elle s'effondre. «J'ai perdu tout ce qui me rattachait à la vie. » Alors que le corps de son amant part pour l'île de Skorpios où il sera inhumé, Maria s'enferme chez elle, semble vouloir ignorer le monde, à la recherche de cette solitude que ses amis les plus proches lui accordent, afin de respecter son chagrin.

Le 1ᵉʳ novembre, Pasolini, qui achève *Salo ou les Cent Vingt Journées de Sodome*, un film qui retrace les derniers jours du fascisme italien, est retrouvé assassiné à l'aube, le visage complètement défiguré. Crime politique ou crime de mœurs ? Le mystère plane toujours. Depuis *Medea*, Maria et lui n'avaient jamais cessé de s'écrire, de se raconter. « C'était un frère pour moi, délicat, plein d'attentions, fortement marqué par la politique alors que je ne l'étais pas mais aucun de nous ne cherchait à forcer les convictions de l'autre. Il avait sur la vie des idées fortes, originales, devant lesquelles on ne pouvait rester insensible. C'était un ami… » Et c'est un autre terrible choc.

À la fin de l'année, pourtant, Maria semble vouloir se reprendre en main. Elle a à nouveau envie de chanter pour vivre, oublier, se faire plaisir. Le Théâtre des Champs-Élysées est mis à son entière disposition. Trois, quatre fois par semaine, l'après-midi, devant une salle vide, Maria renoue avec Verdi, Bellini… Et chanter lui fait du bien jusqu'au jour où un paparazzi la surprend et publie le lendemain sa photo en répétition avec cette légende : « Callas effondrée ! Elle n'a pu atteindre le contre-*ut*. » Après un procès au journal, Maria ne retourna plus au Théâtre des Champs-Élysées, et pleurera, plus seule que jamais, la mort de Luchino Visconti, le 16 mars 1976.

Suivant les conseils de son amie la pianiste Vasso Devetzi, Maria accepte de partir avec elle pour une petite île grecque pendant tout l'été. Mais, très vite, elle est découverte et son hôtel envahi par les photographes. Ne pouvant plus sortir de sa chambre, elle décide de rentrer le plus rapidement possible à Paris où, terriblement fatiguée, elle s'enferme à nouveau, refuse toute invitation, et perd le sommeil.

Alors elle se jette sur les somnifères et dort parfois plus de vingt heures d'affilée. Les quelques personnes dont elle souffre la présence comme Zeffirelli, Biki ou Devetzi sont unanimes : elle n'a plus goût à la vie. Placido Domingo dira après sa mort : « Je crois que Maria s'est laissée mourir de tristesse. On peut vraiment mourir, si on le veut, même sans se suicider, en abandonnant la vie, simplement. »

La lassitude, la solitude et les chagrins l'ont épuisée. Elle reste enfermée dans son appartement et écoute des heures entières ses enregistrements et les « pirates » que des admirateurs lui envoient régulièrement. Et elle s'émerveille : « J'ai eu cette voix-là ! » Désormais, dissimulée derrière d'énormes lunettes noires, elle ne sort que pour ses chiens qui la promènent plus qu'elle ne les promène. À cinquante-trois ans, elle apparaît prématurément vieillie. Et puis, elle a de plus en plus souvent cette douleur, là, à l'épaule.

Le vendredi 16 septembre 1977, elle se lève, tard comme à son habitude, déjeune de deux œufs frits, lit son courrier et, soudain, porte les mains à sa gorge. Bruna, sa femme de chambre, court chercher de la Coramine. Maria se lève, fait quelques pas vers la salle de bains et tombe. Bruna se précipite.

– Je me suis trouvée mal, murmure Maria.

Son visage se crispe. Ferruccio, le maître d'hôtel, qui est accouru, la transporte sur son lit. On appelle son médecin. Il est absent. On en appelle un autre qui va arriver une demi-heure plus tard. Bruna apporte du café très fort. Maria en boit une tasse. Elle se sent mieux, pose sa tête sur l'oreiller, ferme les yeux et puis meurt, tout doucement avec, sur son visage, l'expression apaisée d'une jeune fille à la fantastique beauté...

« Je suis seule, j'ai toujours été seule, du plus loin que je me souvienne. »

La nouvelle sera annoncée le même jour, fort

brièvement, à dix-sept heures, par les radios, précédant le journal où l'on fera l'éloge de celle qui a redonné vie à l'opéra. La télévision diffusera un extrait, toujours le même, de la *Norma* de 1958. Et tout sera dit en quelques centaines de secondes. Quelques jours plus tard, *Paris Match* titrera : « Callas : gloire, amour et solitude. Toutes les photos d'une vie tumultueuse. » À l'intérieur, huit pages de reportage mettront en scène Maria en 1947, obèse, lors de sa première *Gioconda* à Vérone ; suivront d'autres clichés tous liés à ses histoires amoureuses avec Meneghini et Onassis, qui sont présentés comme les victimes d'une femme sans cœur. Ils lui auraient tout offert. Elle aurait tout voulu prendre, mais n'aurait rien su donner. Selon les auteurs du reportage, il était donc normal qu'elle finisse seule, vieillie avant l'âge. En conclusion, il apparaissait que si Maria Callas avait été l'une des plus grandes cantatrices du XXe siècle, après avoir perdu sa voix, elle avait perdu ceux qui l'avaient aimée pour entrer dans la solitude et l'oubli.

Avenue Georges-Mandel, aucune visite de condoléance n'est en principe autorisée. Vêtue d'une robe de mousseline grise, sans aucun bijou, sa chevelure tressée comme pour *La Traviata*, Maria repose enfin.

Le 20 septembre, à seize heures, le service religieux débute dans la belle église orthodoxe de la rue Daru. Une foule d'admirateurs s'est précipitée derrière les barrières pour tenter d'apercevoir, une dernière fois, celle qui a tant fait battre leur cœur et ceux qui l'accompagnent : la princesse Grace de Monaco et sa fille la princesse Caroline, le ministre de la Culture grec et puis les amis de toujours, Georges Prêtre, Georges Auric, Franco Rossellini, Vasso Devetzi mais également Giovanni Battista Meneghini, Evangelia et sa fille Jackie, tous emportés dans l'énorme cohue suscitée par l'arrivée du cercueil.

À la sortie de la messe, Maria est une dernière fois applaudie avant que son corps ne soit incinéré dans la plus stricte intimité, au cimetière du Père-Lachaise où l'on pouvait espérer, enfin, qu'elle y reposerait en paix.

Tout d'abord on commença de s'interroger sur cette incinération. Maria n'ayant laissé aucune instruction à ce sujet, certains murmureront qu'il s'agissait d'une initiative de la pianiste Vasso Devetzi, seule héritière des droits moraux sur l'œuvre de Maria, à l'indignation de celui qui se prétend toujours son mari et de cette mère qu'elle n'a plus vue depuis plus de vingt ans.

Au moment où chacun fait ses comptes en s'entre-déchirant, les cendres de Maria sont volées, le 26 décembre 1978. Et c'est un nouveau scandale où tout le monde s'accuse. Meneghini croit savoir que c'est Vasso Devetzi qui les a subtilisées pour les mettre dans une banque suisse, forcément ! Tandis qu'Evangelia, âgée de plus de quatre-vingts ans, assure qu'il s'agit d'un complot organisé par son ex-beau-fils qui veut les emporter en Italie. Accusations qui tomberont d'elles-mêmes lorsque les cendres seront retrouvées quelques heures plus tard.

Le 3 juin 1979, un avion affrété par le gouvernement français arrivera à l'aéroport d'Athènes, portant l'urne de la cantatrice. Sur le tarmac, une garde d'honneur et plusieurs officiels, dont les ministres de la Défense et de la Culture, rendront un hommage national à Maria Callas avant que ses cendres soient dispersées dans les eaux turquoise de la mer Égée.

Deux ans après sa mort, Maria, doublement grecque, de sang d'abord, puis par choix, rejoignait les dieux de son pays.

REMERCIEMENTS

Un grand merci à Didier Le Fur.

BIBLIOGRAPHIE

Ouvrages

Callas: Portrait of a Prima Donna, George Jellinek, Dover Publications, Londres, 1965.

Callas: the Heart and the Life, John Ardoin, Thames and Hudson, Londres, 1974.

Maria Callas. Par-delà sa légende, Arianna Stassinopoulos, Fayard, 1981.

La Voix de mon maître, Elisabeth Schwarzkopf, Belfond, 1983.

Callas: les images d'une voix, Sergio Segalini, Van de Velde, 1987.

La Callas, Claude Dufresne, Perrin, 1990.

Leçons de chant: Master class à la Juilliard School 1971-1972, Maria Callas, transcrites par John Ardoin, Fayard, 1991.

La Véritable Histoire de Maria Callas, Renzo Allegri, Belfond, 1992.

Callas, une vie, Pierre-Jean Rémy, Albin Michel, 1997.

La Callas, André Tubeuf, Assouline, 1998.

Walter Legge: Words and Music, Alan Sanders, Routledge, Oxford, 1998.

Maria Callas, Diaries of a Friendship, Robert Sutherland, Constable and Robinson, Londres, 1999.

Callas, Attila Csampaï, Éditions du collectionneur, 2001.

La Callas. De l'enfer à l'Olympe. Passions et scandales d'un destin grandiose, Martin Monestier, Le cherche midi, 2002.

Callas nemica mia, Maria Di Stefano et Francamaria Trapani, Rusconi Libri, Milan, 2002.

Immortelle Callas, Jacques Lorcey, Séguier, 2002.

Maria Callas. J'ai vécu d'art, j'ai vécu d'amour, David Lelait, Payot, 2002.

La Note bleue. Une vie pour la musique, Michel Glotz, J.-C. Lattès, 2002.

Mille et Un Opéras, Piotr Kaminski, Fayard, 2003.

Les Autres Soirs, Elisabeth Schwarzkopf et André Tubeuf, Tallandier, 2004.

Brève rencontre avec Maria Callas. Gala présidentiel pour la Légion d'honneur, 19 décembre 1958. Albert Lance, manuscrit de l'auteur, mai 2007.

Maria Callas. Les années françaises, Pierre Thirion-Vallet, 2007.

Articles de la presse française et étrangère, quotidienne et hebdomadaire

L'Aurore
Il Corriere della Sera
Il Corriere del Popolo
Il Corriere Lombardo
La Croix

L'Europeo
Le Figaro
France Soir
Le Journal du dimanche
Le Matin d'Athènes
Il Messagero
Le Monde
Le Musical Times
Le New York Post
La Notte
Oggi
Paris Journal
La Patria
Le Soir d'Athènes
La Stampa
Le Sun
Le Sunday Express
Le Sunday Telegraph
Il Tempo di Milano
Le Time
La Tribune
L'Unità

Magazines

Arts
L'Avant-Scène
Diapason
Elle
L'Express

Opéra
Paris Match
Time
Le Times Magazine

Catalogue d'exposition

Maria Callas à la Scala, Éditions du Théâtre de la Scala, Milan, 1997.

TABLE DES MATIÈRES

Éditions de la Loupe
Livres en gros caractères

180 titres au catalogue
Romans
Récits
Biographies
Récits d'aventure
Essais
Histoire
Détectives

40 nouveautés par an

Catalogue sur demande

Éditions de La Loupe - Service clients
21, rue du Docteur Horand - 69009 - Lyon
(Siège social : 10, rue du Colisée - 75008 - Paris)

Téléphone
04 78 47 27 02
Fax 04 78 47 24 03

Boutique en ligne *et adresse Internet*
www.editionsdelaloupe.com
serviceclients@editionsdelaloupe.com

Siège social : 10, rue du Colisée - 75008 Paris

JOUVE
11, bd de Sébastopol, 75001 Paris
Imprimé sur presse rotative numérique
N° 452740W – Dépôt légal : février 2008

Imprimé en France